JN206537

きもの番長

ことはじめ

松田恵美

矢鱈縞
太さも間隔もランダムな縞模様。
他にも鰹の胴体のグラデーションを
表現した「鰹縞」などおもしろい名前がある。

きものっておもしろい。
洋服と違って立体的ではなく、平面的。
人が着るものに合わせるのではなく、
きものが人に合わせて
デザインされている印象があるから。
粋に着てみたり、初々しくしてみたり。
昔の女優さんのきものの着こなしは、
いいお手本で、思わずうっとりする。

モダンな柄やハッとする色合わせのきものと目が合うと、
ビリッと電気が走る。まさに一目惚れ。
そして、「あーでもない、こーでもない」とコーディネートをするのも楽しい時間。

年配の方の素敵なきものの着こなしを見ると、
「ああ、私も真似したい！」とすぐに思う。
だから、「将来あんなに素敵な着こなしが出来る人になりたい！」と憧れるのだ。
今も未来も最大限に楽しめるのがきものの素敵なところ。

●はじめに●

きもの大好き、きもの番長
おまたせー
こっちー
いろんな所へきものでGO!
ライブに
仕事へ
よろしくおねがいします
海外にも
OH GEI ShA!!
えっと
・飛行機の中・
そこで
いーないーな
私も、きもの着たーい♥
そう?
?
ところで、何できものなの?
何かひみつでも?
えっ
好きなだけなんだけど理由は…
ズズイッ
洋服に、不利な体型もカバーできる
切ったら柄がなくなる~
きものだと…
NO—
Yes!
なで肩
150cm
流行りの長さ
型に流行がないから長く着られる
もう古い…高かったのに
同じ
さいしん
あーあー

きもの番長
きものが好き
ぴよこ
世話好きなひよこ
さくら
番長の友達

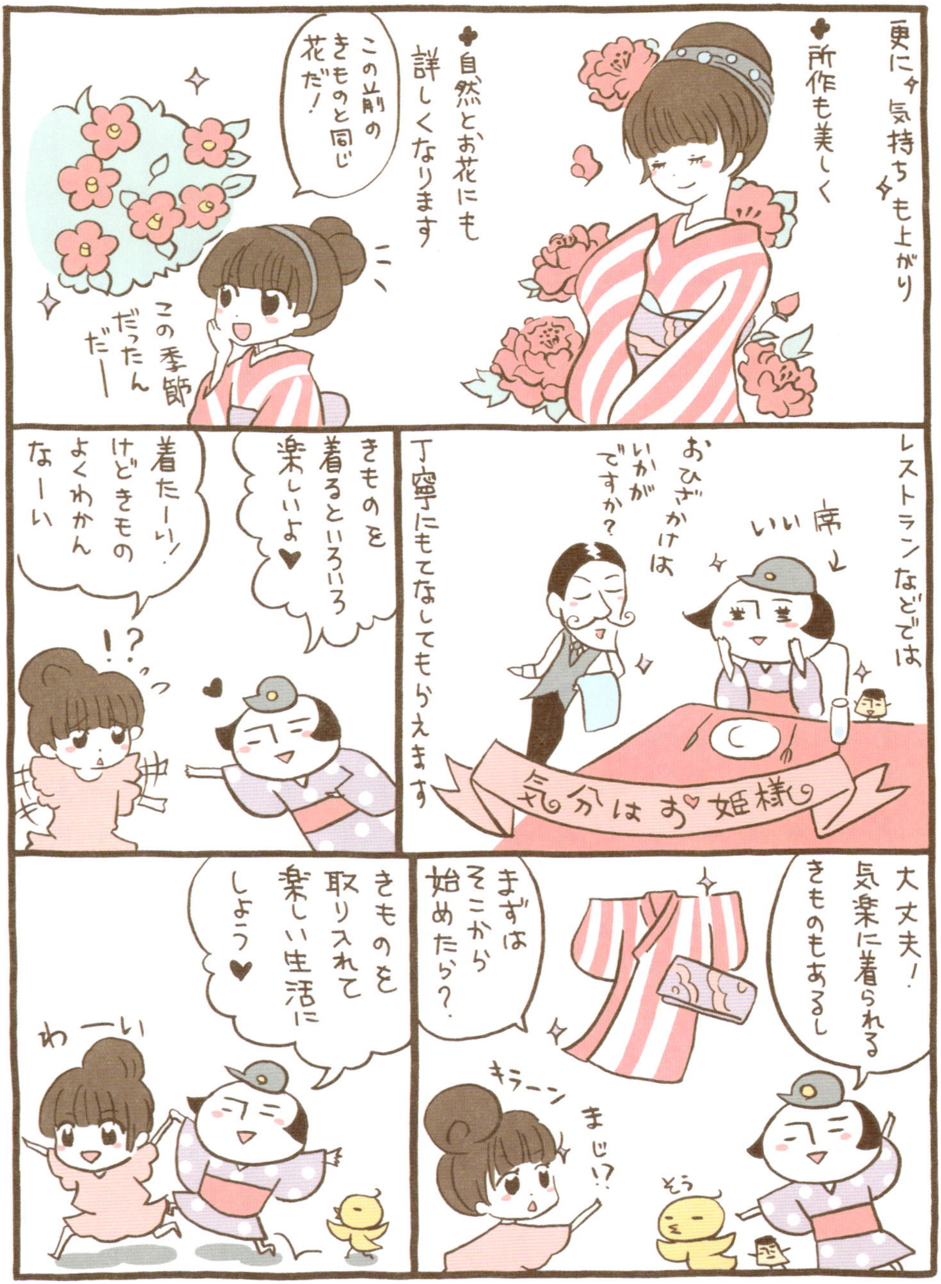
更に気持ちも上がり
所作も美しく
自然とお花にも詳しくなります
この前のきものと同じ花だ!
この季節だったんだー
レストランなどでは
丁寧にもてなしてもらえます
いい席
おひざかけはいかがですか?
気分はお姫様
きものを着るといろいろ楽しいよ♥
着たーい!けどきものよくわかんなーい
!?
大丈夫!気楽に着られるきものもあるし
まずはそこから始めたら?
キラーン
まじ!?
そう
きものを取り入れて楽しい生活にしよう♥
わーい

・こねこ・

お行儀のよいねこちゃんだこと♥
ホホホ
?
でしょー
あれー
うちのコどこ?

友人宅にて
着付け中の
帯締めは
ヤバイ!!
ギャー
ニャーン
(あそんでー)
ふさが!

第一章

十二ヶ月コーディネート

たてわく

水蒸気がゆらゆらと立ち上っていく様子を表現したと言われている柄。

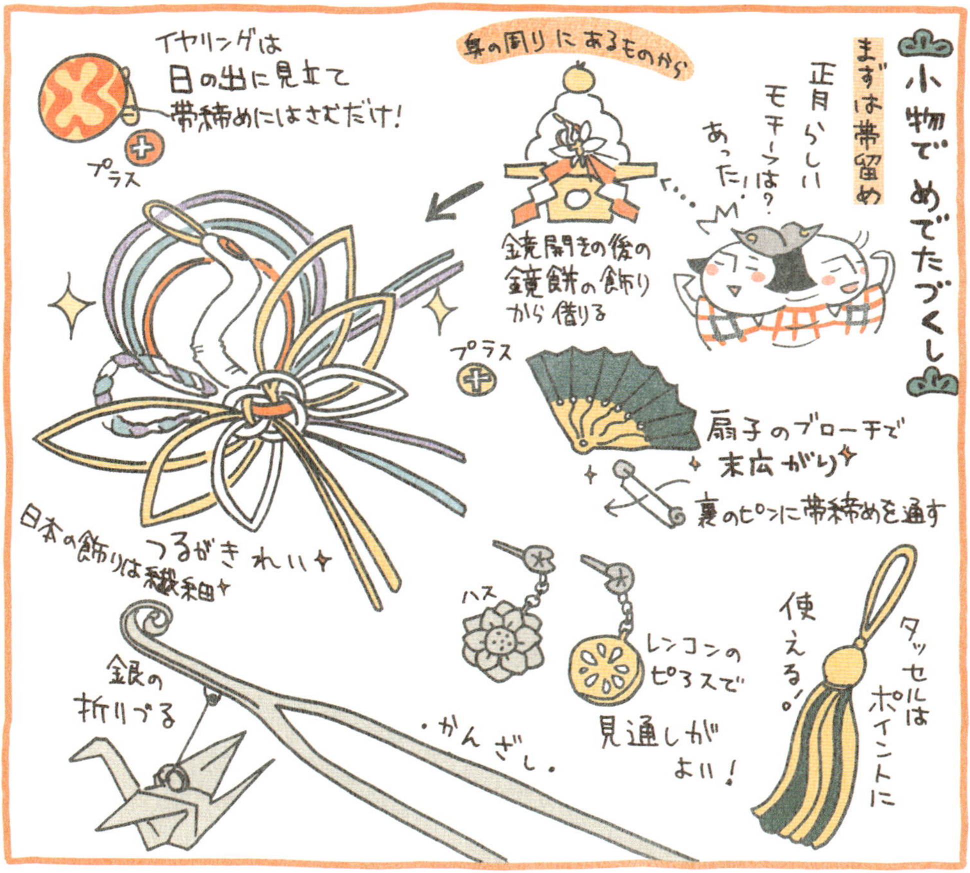
小物でめでたづくし
まずは帯留め
正月らしいモチーフは？
あった！
身の周りにあるものから
イヤリングは日の出に見立て帯締めにはさむだけ！
プラス
鏡開きの後の鏡餅の飾りから借りる
プラス
扇子のブローチで末広がり
裏のピンに帯締めを通す
日本の飾りは繊細
つるがきれい
銀の折りづる
・かんざし・
ハス
レンコンのピアスで見通しがよい！
タッセルはポイントに使える！

お正月は家でのんびり友達をよんでみんなでお屠蘇《とそ》飲んだり
注ぎ方
鼠尾《そび》
ねずみのしっぽで少し
↓
馬尾《まび》
うまのしっぽでたくさん
↓
鼠尾《そび》
また少し
しめはカルタ大会
「にほんごであそぼ」のいろはカルタはおもしろい！
漆の屠蘇《とそ》器
いらっしゃーい
ウールのきものにエプロンでらくちんに！

一月 初詣で
古典柄で
日本髪風にアップ
半衿は宝尽くし
華やかに
帯締めは矢羽の刺繍
きものは松竹梅
新年にもぴったりなおめでたい組み合わせ
絞りの帯は亀甲文様
左がカメ
右がつると
おめでたいコンビ
モダンに
イヤリングをはさんで衿飾りに
帯留めの日の出・つる・扇子のめでたづくしがお正月のポイント！
きものの色と帯周りの色を合わせて統一感を
黒のクラッチバッグとストールで全体をひきしめる
白×赤×黒はモダンなカラーリングに

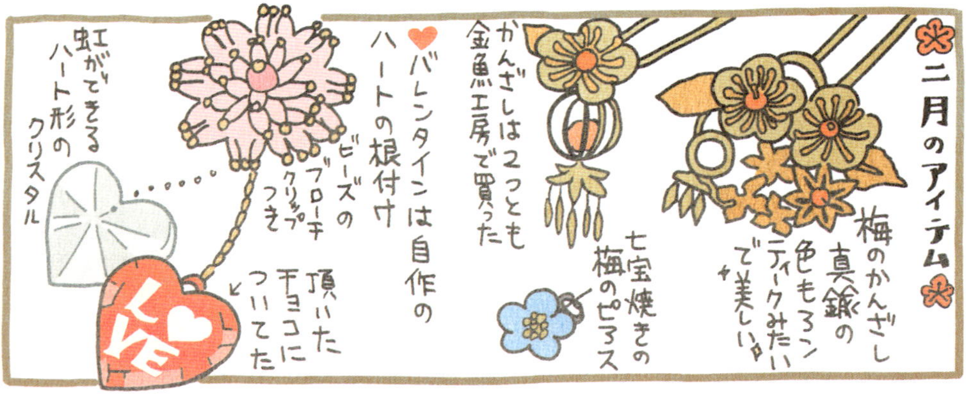
二月のアイテム
梅のかんざし
真鍮の色もアンティークみたいで美しい♪
かんざしは2つとも金魚工房で買った
七宝焼きの梅のピアス
♥バレンタインは自作のハートの根付け
ビーズのブローチ クリップつき
頂いたチョコについてた
虹ができるハート形のクリスタル

二月のイベント
～歌舞伎座～
節分には、役者さんが豆まきをします
はい
頂いた豆
2階席にも係の方が配りにくる
・初午祭は歌舞伎座のお稲荷様が参拝できる
いつも閉じている扉が開く…その奥にある
どうぞ
ピカー
おお
その後、お神酒とお汁粉が振る舞われる

～浅草 お化け～
芸者さんが仮装する節分のイベント
食事をしながら舞いや劇を楽しむ♪
悪玉おどり
昔からある踊り おもしろい♥
シテ ジン
メイド姿のポチ
流行の仮装も
ここほれワンワン
そして おいらん姿も
老舗「草津亭」の仕出し弁当うまし！

二月 節分&バレンタイン
「バレンタイン」がテーマ
根付けや、ヘアアクセにハートモチーフを♥
帯の後ろが…
実は、ハート柄！
付け帯なので軽くて楽
♥甘めなピンクに抵抗がある人は大人の黒を取り入れて、スイート&ビターに
黒：ピンク＝8:2くらいがオススメ
きものと帯の柄が細かいので半衿は無地ですっきりと
アニマル柄は帯や半衿など面積が少ないと取り入れやすいよ！
帯は、鬼のパンツのイメージ
全部キメすぎてもヤボなのでちょっとハズす
落花生柄のきもの
水玉模様を豆に見立ててもOK！
★きもの以外の3アイテムを、同系色でまとめる時は
クリーム、黄土色、茶色と色に、幅があるとメリハリができる！

寒さ対策
洋服の時に使っているアイテムをプラスして
帽子
ウール地
つばが短い帽子はモガのシンボル
毛糸
毛糸の帽子は白やダークカラーで大人に
ショール
秋口は、きものに＋ショールで
パシュミナは軽くて暖かいバッグに入れておくと便利
桜が透けるショール
レースが美しい別珍
ファー
ヒモ付きのファーでモダンに!
手袋
上の毛糸の帽子と揃い
アームウォーマー
ファーが袖口から見えてもかわいい
草履カバー
ファー付き
穴に鼻緒を合わせてとめる
裏
透き間をガード!
頭
首
腕
足
するのがポイント

冬の装い
モガ風に
豆千代モダンで買ったカシミアのコートは、軽くて暖かい♥
衿と手先に付いたファーもお気に入り♪
これを新調してから、こればかり！
70'Sのバッグを合わせてクラシカルに！
マリンなコート
ウールのコートは毛糸の帽子と手袋が相性がいい
リサイクル屋さんには、たまにおもしろいコートがある
冬
秋
ロマンティックに
バラ柄が織ってある別珍のコート
寒くなったらファーをプラス
ショールもバラ柄
マント
ファーのイヤマフもきものと合う
洋服のマントコートは、きものにも使えます♥
洋服用は、衿のあきが狭いので、コサージュなどで調節してみて

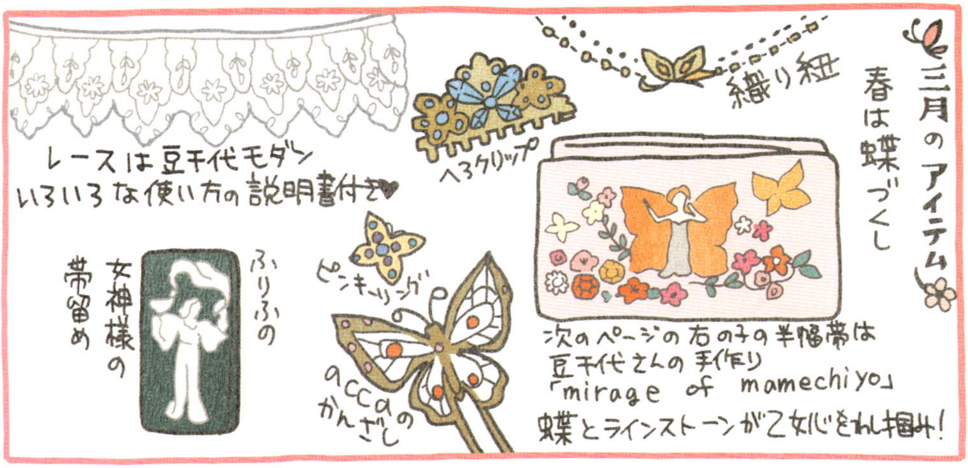
三月のアイテム
春は蝶づくし
織り紐
ヘアクリップ
レースは豆千代モダン
いろいろな使い方の説明書付き♥
ふりふの
女神様の
帯留め
ピンキーリング
accaのかんざし
次のページの右の子の半幅帯は
豆千代さんの手作り
「mirage of mamechiyo」
蝶とラインストーンが乙女心をわし掴み!

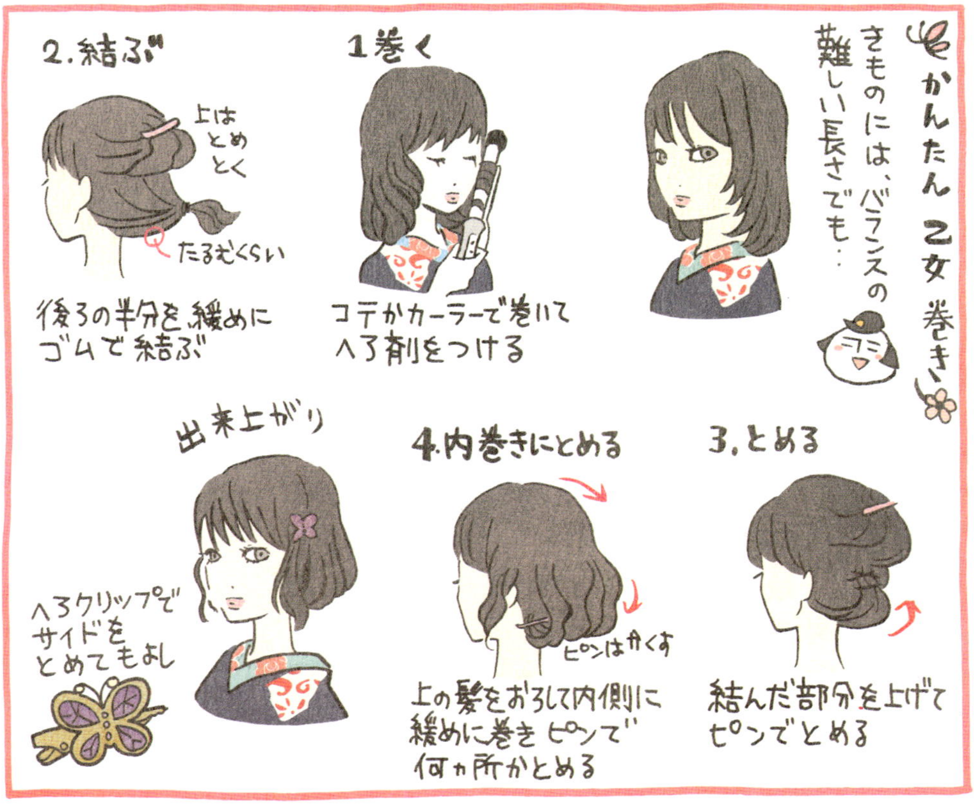
かんたん乙女巻き
きものには、バランスの難しい長さでも…
1 巻く
コテかカーラーで巻いて
ヘア剤をつける
2.結ぶ
上はとめとく
たるむくらい
後ろの半分を緩めに
ゴムで結ぶ
3.とめる
結んだ部分を上げて
ピンでとめる
4.内巻きにとめる
ピンはかくす
上の髪をおろして内側に
緩めに巻き ピンで
何ヵ所かとめる
出来上がり
ヘアクリップで
サイドを
とめてもよし

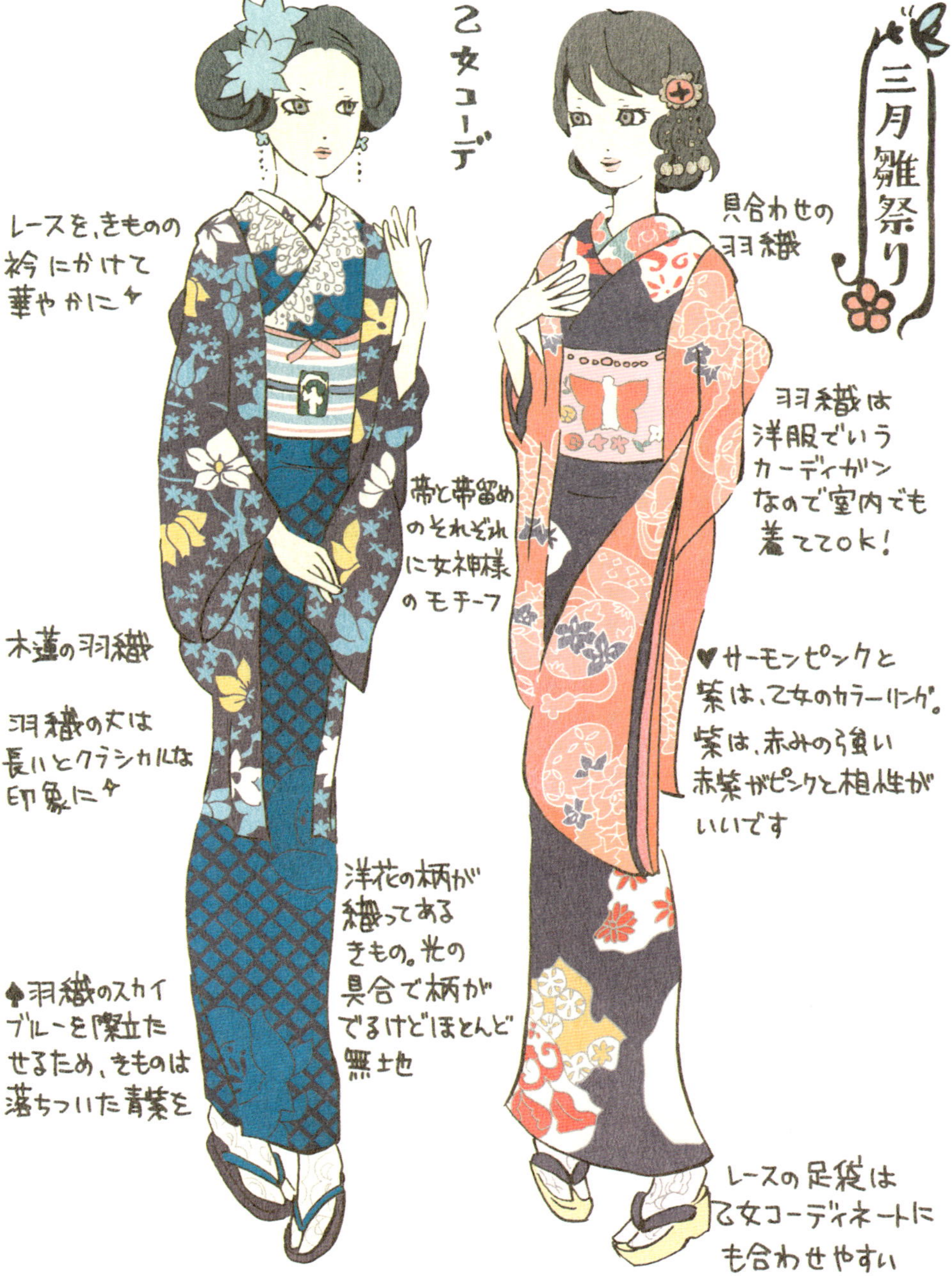
三月雛祭り
乙女コーデ
レースを、きものの衿にかけて華やかに☆
帯と帯留めのそれぞれに女神様のモチーフ
木蓮の羽織
羽織の丈は長いとクラシカルな印象に☆
洋花の柄が織ってあるきもの。光の具合で柄がでるけどほとんど無地
♠羽織のスカイブルーを際立たせるため、きものは落ちついた青紫を
貝合わせの羽織
羽織は洋服でいうカーディガンなので室内でも着てOK!
♥サーモンピンクと紫は、乙女のカラーリング。紫は、赤みの強い赤紫がピンクと相性がいいです
レースの足袋は乙女コーディネートにも合わせやすい

四月のアイテム
桜餅の帯留め
ギャルの友達が作ってくれた♥
桜のゆびわ
中に本物の花が入ってる!
和菓子を包んでいた
花びらのハンカチ
桜と波の手ぬぐい
遠山の金さんみたいだ♥
かんざし
てんとう虫の半衿
描いてみたー
よくみると水玉が2つてんとう虫になってる♥
ヨーロッパでは、春にてんとう虫がとまるとその人は幸せになるんだって!
てんとう虫の帯留め

四月のイベント
~お花見~
春といっても外はまだ寒いのでカイロ、マフラーなど防寒をお忘れなく
BBQ装備
寒がりでもはやきものが見えぬ…
マフラー
エプロン
コート
偶然家の中で見た桜吹雪に感動した!
本当に雪かと思ったら前の公園からだった
あ
仕事中

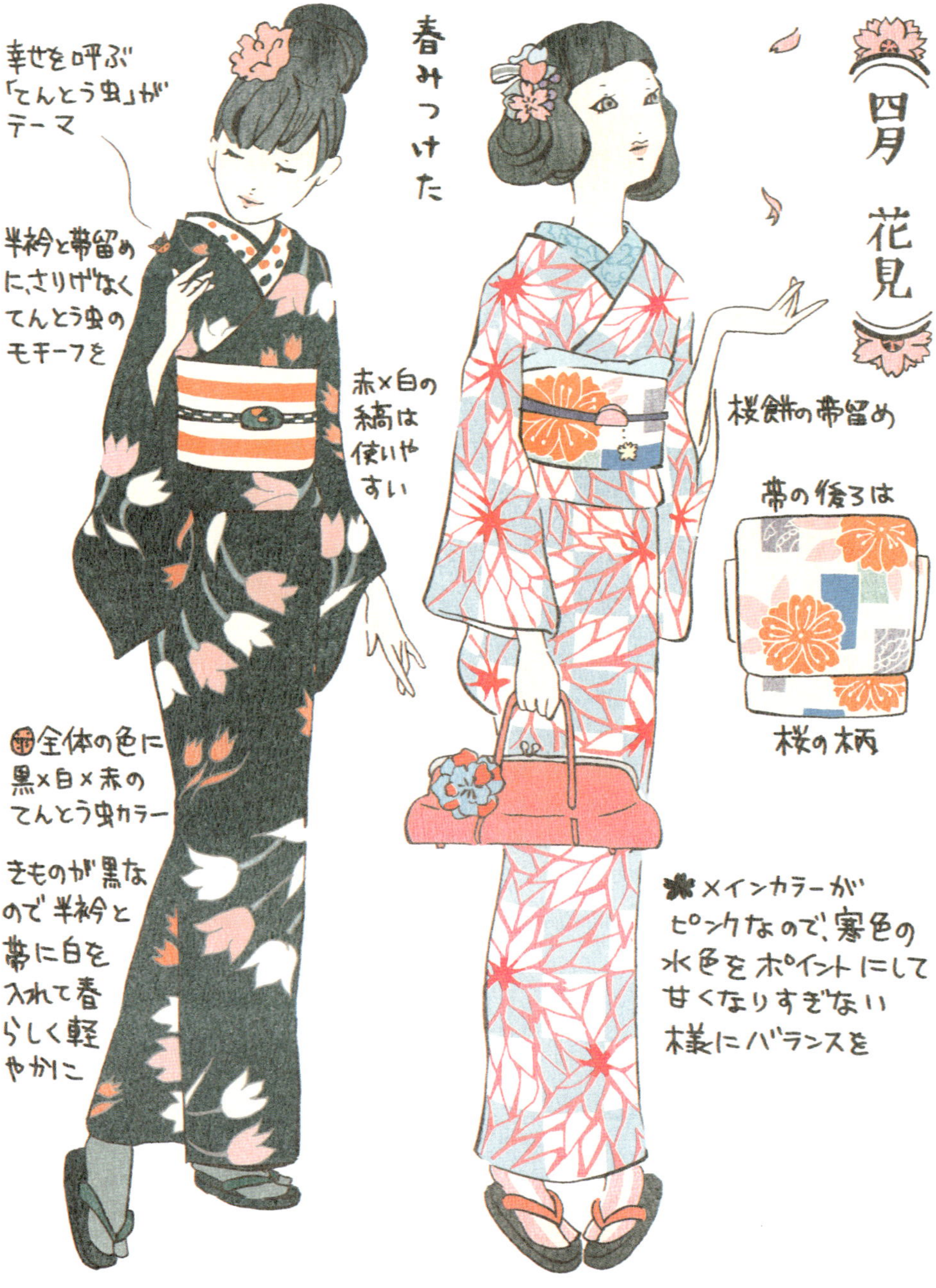
四月 花見
春みつけた
幸せを呼ぶ「てんとう虫」がテーマ
半衿と帯留めに、さりげなくてんとう虫のモチーフを
赤×白の縞は使いやすい
全体の色に黒×白×赤のてんとう虫カラー
きものが黒なので半衿と帯に白を入れて春らしく軽やかに
桜餅の帯留め
帯の後ろは
桜の柄
メインカラーがピンクなので、寒色の水色をポイントにして甘くなりすぎない様にバランスを

五月のアイテム
・ガーデニングパーティ
クラシカルな綿レースの手袋
探したら京王百貨店にあった♥
ロマンチックなブローチ
自作コサージュ
ネックレスを
帯締めに通すだけで華やかに
・バラコーデ
ヘアアクセ
おもちゃのゆびわ
ネイルも
ピアス
実は帯揚げも

きものの時のネイル
・きものの色や柄がにぎやかな時はネイルの色は控えめにしています
クリアーなピンクに
ラメのグラデ！簡単な上に手が美しく見える
桜のシール
貼るだけで指先にも春が
ラインストーンのシール
1つか2つにポイントをつけてバランスを
ストーンを
全部の指につけるとちょっとの差でステキに
・パーティの時はゴージャスに！
パールで
ラインストーンで
きものの色と合わせると上品にまとまります
器用な友達やお店でしてもらう
・和柄のネイルチップも
松
藤
竹
おもしろーい♥

五月 パーティ
ナイトパーティ ドレスコードは 薔薇《バラ》
コサージュ、ピアス、ゆびわ ネイルにも 小さなバラを
帯のバラ柄に蝶が止まっているイメージ
帯の後ろは
シンプルなデザインのバラ
深緑と黒の 暗めな色なので 赤を差し色にして 華やかに
きものがバラの葉茎 半衿はバラの蕾で 全体のカラーでも バラのイメージ
ガーデニングパーティ
アンティーク きものの時は 真っ白な半衿より アイボリーの方がなじむ
シンプルな きものには ブローチで アクセントを
小物は レースと パールで 上品に まとめて
帯の後ろは
ゴージャスな 牡丹柄
若草色×白は 優しいカラーリング

六月のアイテム
オランダのギャラリーでもらった缶バッジを帯留めに5つ並べるとマーブルチョコみたい
mu
mu
mu
mu
mu
おいしそう..
さくらんぼうのかんざし
ユリのピアス
紫陽花柄のガーゼの手ぬぐい肌触りがよい
同じくかんざし
ビンテージの紫陽花のイヤリングを帯留めに

きものの時のバッグ
普段着には、形や素材のおもしろい洋服用のバッグを使ってます
70'sのバッグ
バラがカービングしてある革のバッグ金具がかわいい
形がおもしろい「山口小夜子」のデザインの革のバッグ！
取っ手は竹
ベトナム刺繍のバッグ
アメリカのエコバッグ
コートなどをクロークに預ける時に役に立つデカバッグ
畳むとコンパクトで軽い
和柄？サイケ？
久留米絣のグラデーションのバッグ
B4ファイルも入る！仕事や旅行に便利

六月 梅雨
雨やんだ
ポリエステルのきもの なら、雨の日でもへっちゃら！特に黒が入ってると汚れが目立たない
◆黒がメインのきものなので、帯と半衿は、明るい色を。緑×黄色は明るく爽やかに
足袋は汚れが目立たない柄ものか色ものを
雨で広がりやすい髪を編み込みでまとめる
水色のストライプのきものを雨に見立てる
帯留めは紫陽花
帯はさくらんぼう柄
水色のきものと緑の帯の爽やかな色の組み合わせ
ポリエステルのきもの

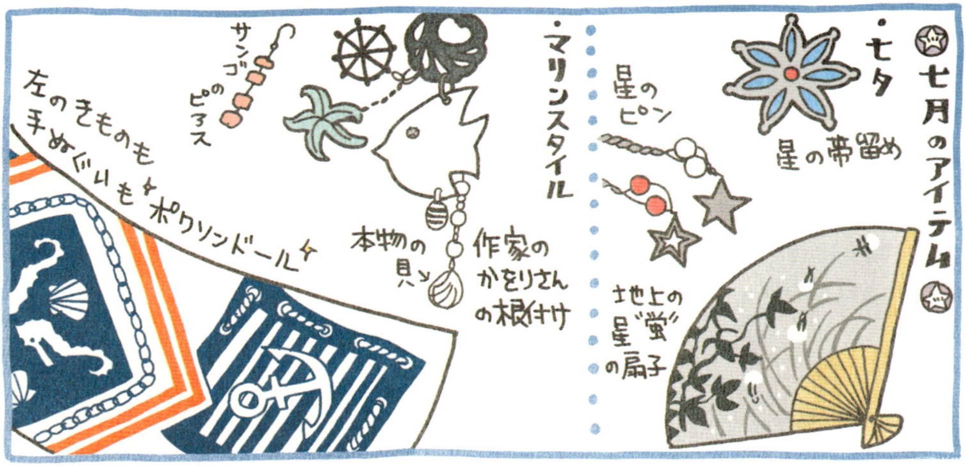
七月のアイテム
・七夕
星の帯留め
星のピン
地上の星"蛍"の扇子
・マリンスタイル
作家のかをりさんの根付け
本物の貝
サンゴのピアス
左のきものも手ぬぐいもポワソンドール

七月のイベント
◆池上本門寺で「500個の風鈴の音を聴く」イベント
96段の石段を上ると
500個の風鈴が！
ハァハァ…
夜は更に幻想的に
◆キセルの体験ができるイベント
憧れのキセルにチャレンジ♥
1 刻み煙草を
丸める
2 火をつける
3. 2〜3服吸う
プハー
ドキドキ
くるしー
のどが弱い
◆アナザー・カンパニー
日舞、邦楽などの日本の文化が楽しく学べる公演！
開演の一時間前から、邦楽や舞台の体験ができます。
連獅子体験
頭重い…
他にも衣装の引き抜き体験も…
演奏体験
ちゃんと教えてもらえます
琴
サークーラー
ベベン
三味線
他にも鼓、太鼓などもあるよ

七月
七夕
テーマは「マリンスタイル」
根付けもマリンモチーフ
きものは白×青×赤のトリコロールカラー✦
シンプルなのに、この1枚で✦夏✦
✶7月から8月は夏きものへ. それに合わせてきもの以外の物も夏用へ
きものの柄は鮮やかだが地の色は暗めのベージュなのでぼんやりしないように黒の帯で引きしめる!
帯揚げと帯締めに鮮やかなブルーと赤を差し色に
手ぬぐいは、荷物カバーにも使えます✦
紫陽花、菖蒲、朝顔、なでしこ秋の七草
初夏から夏の終わりまで✦百花繚乱✦
左が新素材のセオα、右が麻. どちらも自宅で洗えて速乾性があるので夏の強い味方!

八月のアイテム
いい香りのする凌霄花《のうぜんかずら》の扇子
水墨画のデザイン！
涼しげに白くま！
帯留め
豆千代モダンで買った
手ぬぐい
かんざし
これも白くまの帯留めも作家のかをりさん作
夏は透明感のあるものが涼しげ

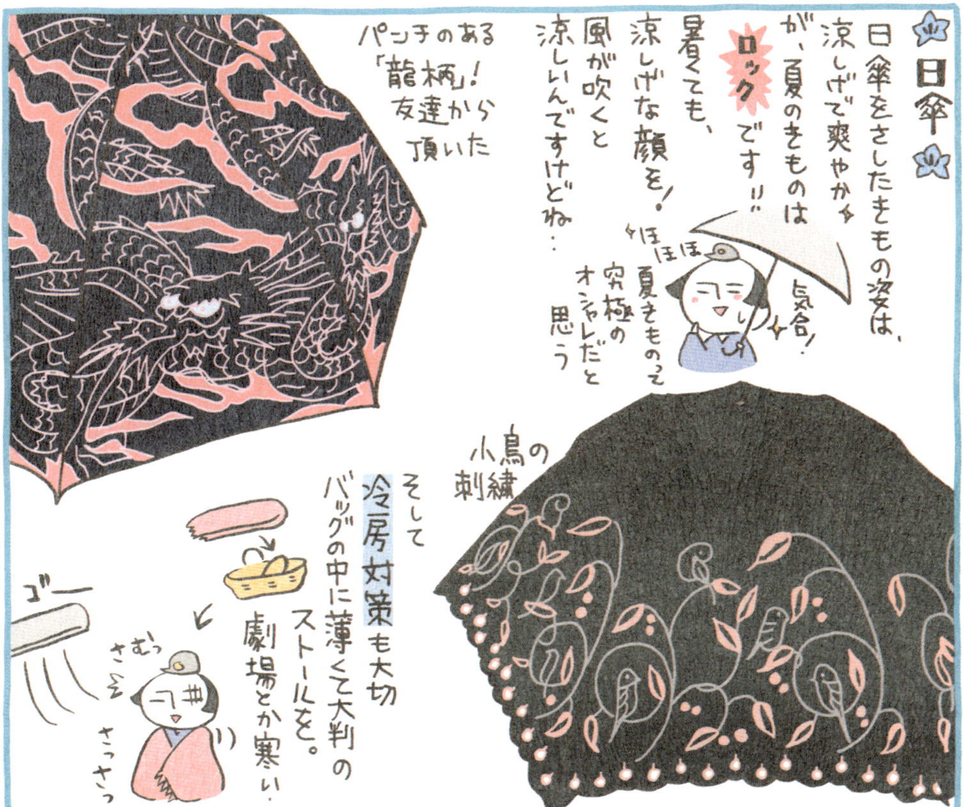
日傘
日傘をさしたきもの姿は、涼しげで爽やか
が、夏のきものはロックです!!
暑くても、涼しげな顔を！
風が吹くと涼しいんですけどね…
ほほほ
気合！
夏きものって究極のオシャレだと思う
パンチのある「龍柄」！友達から頂いた
小鳥の刺繍
そして冷房対策も大切
バッグの中に薄くて大判のストールを。
劇場とか寒い…
ゴー
さむっ
さっさっ

八月 盛夏
絣と水色のコーディネートで爽やかに
白くまの帯留めで涼しげに
青×白のきものには補色に近い赤の帯でメリハリを
ビーズの半衿はひんやりとして気持ちがいい
シルバーのバッグは夏の日差しに反射してキラキラとキレイ♪
桔梗と水玉の夏お召しのきもの
アンティークの夏きものはデザインも色も魅力的な物が多い!!
萩と桔梗のジョーゼットのきもの

手ぬぐい
・落語の演目「牡丹灯篭」に合わせて
別名「幽霊花」の「彼岸花」の
手ぬぐいをチョイス。
こわくないと聞いたのに
こわかった…
こわがり
おみやげに
牡丹柄と立川志の輔さんの
文字が入った手ぬぐいを
買った
志の輔
・レアモノ。
二月大歌舞伎
京鹿子娘二人道成寺
玉三郎
菊之助
歌舞伎座で
役者さんが
舞台の上から
投げてた手ぬぐい！
生まれて初めて!!!
やった〜
・夏の柄
花火柄
金魚柄
北斎の波柄
・その他：
国芳の
猫柄
53ポーズも
ある！
SOU・SOUのモダンな柄
・縦に折って
半衿に
したり
・食事の時に
帯にかけて
ひざかけに
したり便利

ゆかた一
落語を観に
花火大会へ
大胆な縞柄で
スッキリと
ゆかたの花の
オレンジと
葉の黄緑を
とって、帯を
オレンジ×
黄緑に
白の面積の
大きいゆかたは
黒系の帯で
コントラストを！
夏の定番のゆかた
新作のプレタも
いろんなバリエーションが
あって楽しい
カゴやバス
ケットなどの
天然素材は
相性がいい
縦縞は全体を
シャープに見せて
くれる！
モダンな
幾何学模様
と洋花のゆかた

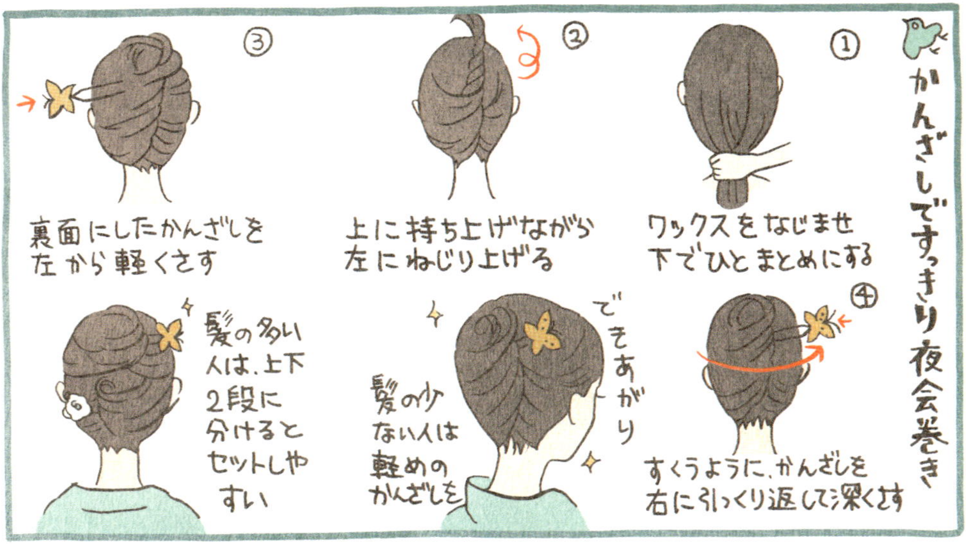
かんざしですっきり夜会巻き
①
ワックスをなじませ
下でひとまとめにする
②
上に持ち上げながら
左にねじり上げる
③
裏面にしたかんざしを
左から軽くさす
④
すくうように、かんざしを
右に引っくり返して深くさす
できあがり
髪の少ない人は軽めのかんざしを
髪の多い人は、上下2段に分けるとセットしやすい

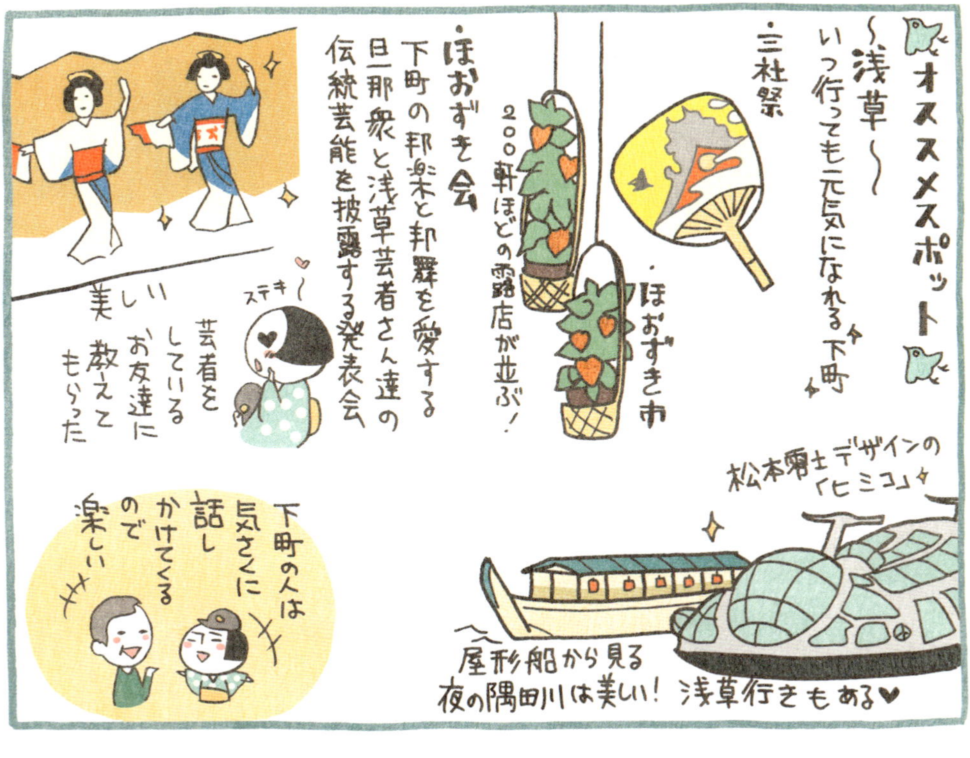
オススメスポット
～浅草～
いつ行っても元気になれる下町
・三社祭
・ほおずき市
200軒ほどの露店が並ぶ!
・ほおずき会
下町の邦楽と邦舞を愛する旦那衆と浅草芸者さん達の伝統芸能を披露する発表会
美しい
ステキ～
芸者をしているお友達に教えてもらった
下町の人は気さくに話しかけてくるので楽しい
松本零士デザインの「ヒミコ」
屋形船から見る夜の隅田川は美しい! 浅草行きもある♥

ゆかた 二
浅草でお散歩
ゆかたパーティ
情緒あふれる
街には、
キリリと
絞りの紺の
ゆかたで
バッグも
古典的な
型でトータル
でまとめて
紺のゆかたは
白地の帯で
すっきりと、
帯締めの赤と
帯留めのブルー
を差し色に
古典柄でも
昔のゆかたは
柄がダイナミック
でハッとする
カカトのケアも
忘れずに
パーティ
には
ワンランク
upして
「絹紅梅」の
ゆかたで
「絹紅梅」は、
細かい格子
柄の織物の
名前
アンティークの
ゆかたは
袖も長いので
ひらひらして
優雅
「絹紅梅」は
下に襦袢を着て
夏きものとしても
着られる

九月のアイテム
うさぎ
かをりさん作
手ぬぐい
ゆれるしっぽがキュート！
ぶどうモチーフ
ジュエリーBOXの中をフル活用
アンティーク調のブローチを帯留めに
ぶどう色のお揃いのイヤリング
ブレスレットは金具を変えて織り紐にも♥
ネックレスは、帯締めに通したり、根付けにしたり！

九月のイベント
～お月見～
十五夜
お月様信仰と収穫祭が合体した行事
みんなでお月見パーティだ！
おーつくるぞ！
上新粉～
ススキとさといも！
みんなで持ち寄り
ギャー
みんな好きかってに作る‥15個なのに、30個に‥‥
やれやれ
合体させて15個に！
できた
・たすきがけ・
袖が邪魔な時に
いっ
よっ
ほっ
結ぶ
ジャーン

九月
月見
半衿と帯に
茶色を取
り入れて
秋の気配を
ブドウの
モチーフの
帯留め
・ピンク×
茶色の組み
合わせで
優しい印象に
コスモス柄の
銘仙《メイセン》のきもの
銘仙は大正～
昭和初期に
"大流行"した
織りのきもの
満月柄と
うさぎの
帯留めで
「お月見
コーディ
ネート」
きものの柄ゆきが
おもしろいので
帯は同系色で
なじませる
スカイブルーと
ネイビーブルー
のカラーリング
がとっても
ロマンチック

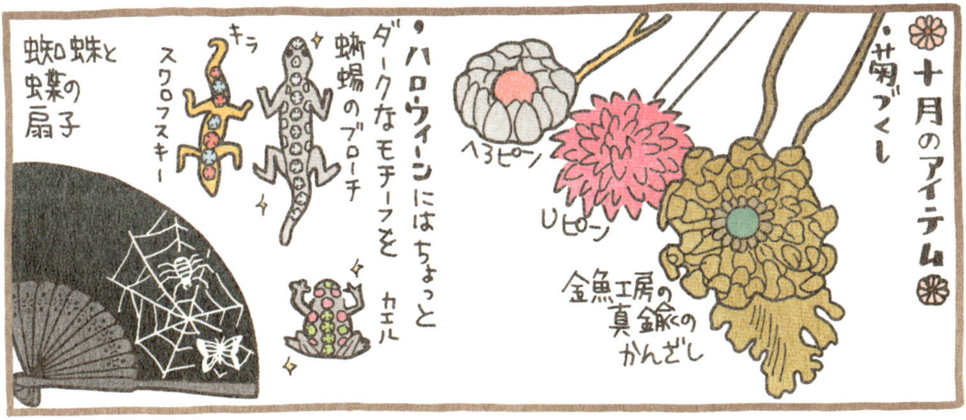
・十月のアイテム
・菊づくし
ヘアピン
Uピン
金魚工房の真鍮のかんざし
・ハロウィーンにはちょっとダークなモチーフを
蜥蜴のブローチ
キラ
スワロフスキー
カエル
蜘蛛と蝶の扇子

小物いろいろ
HIROKO HAYASHIのGIRASOLEの財布
革に型押しして型抜きをしている！
アンティークきものの布製！
中の布は、ビニールコーティングしてあって使いやすい
カラットさんのポーチ
ふりふの名刺入れ
中の柄もかわいい！作家の松田節子さんの裂織ポーチ
裂織は着れなくなったきものを裂いて織る究極のリサイクル
バンドがのびるゆびわの時計
ラインストーン付き
数珠みたいできものにも合う
アジアンなハスの花の腕時計
アクセサリー感覚の腕時計

十月 ハロウィーン
読書の秋
メガネは意外ときものに合う♥
ハロウィーンコーデ
半衿にクリスタルのトカゲのブローチ
帯周りにオレンジ×紫のハロウィーンカラーを
✦ポイントにテーマのモチーフをさりげなく取り入れると大人のコーディネートに
黒×白の縞のきものは使い回しがきくのでオススメ! 私は豆千代モダンで買いました
黒ネコ柄の足袋
ベージュ地のきものには帯に茶色、帯締めに黄色で秋カラーに
菊づくしのポリエステルのきもの
静電気が気になる人は、裾に「静電気防止スプレー」をかけると歩きやすい

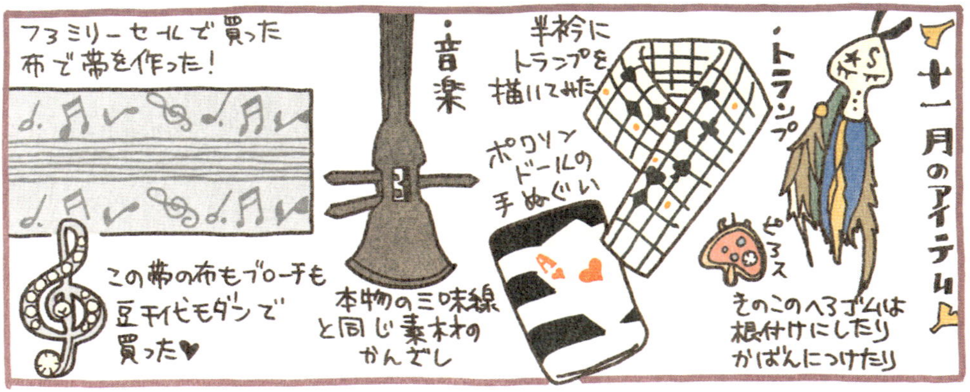
十一月のアイテム
・トランプ
そのこのへろゴムは
根付けにしたり
かばんにつけたり
ピろろス
半衿に
トランプを
描いてみた
ポクリン
ドールの
手ぬぐい
・音楽
本物の三味線
と同じ素材の
かんざし
フろミリーセールで買った
布で帯を作った！
この帯の布もブローチも
豆千代モダンで
買った♥

十一月のイベント～音楽の秋～
JAZZ
ほぼ日刊イトイ新聞のイベント
「はじめてのJAZZ2」へ
森田教授こと
タモリさんの講義
であるからして～
わかり易くて
すごく
おもしろい
JAZZの
歴史と演奏
の講座
クラシック
フジコ・ヘミングさんの
ピアノのコンサートへ
きもののドレス♪
よかった～
心が
ふるえる
音
ぷる
長唄
友達の長唄の
練習に
連れてって
もらった
すてきな演奏～
耳にも
目にも
極楽♥
先生のきものの
着こなしも
ステキでした！
クラブ
新宿
二丁目の
ミュージック
イベント！
いくわよ～
ホホホ～
シャボン玉
ドラろグ
クイーン
ヒー
マトリックスばりに
よける！

十月 晩秋
トランプ
秋の夜長に
ライブに
モダンな赤×白の市松のウールのきもの
帯揚げは赤の補色の「緑」を差し色に
音楽のモチーフを帯周りに
薄いグレーの帯でシャープさを取り入れる
◆シンプルなバッグには季節のモチーフをつけるだけで印象が変わる
つけているのは実はきのこと羽根のヘアゴム!
帯締めを2本しめていつもと違う印象に!
大きな根付けをアクセントに
小さなトランプ柄のウールのきもの
ウールは、暖かく手入れが楽なのでオススメ!
きものの柄が細かく地の色が、暗いので、半衿や帯揚げなどは明るい白を入れてバランスを

十二月のアイテム
クリスマス
これ1つで華やぐ✨
羽根
大きな羽根のコサージュ付きのカチューシャ
手芸店で買ったマラボーを帯揚げ風に!
マラボーの両端を帯揚げの脇にくぐらせるだけ!
最後は帯の中へ
雪の結晶のピアス
クリスマスカラーのフランス製のイヤリング
北欧みやげの平面のリースを帯留めに
オーナメントを根付けに!
湘南の雑貨店にて

パーティに華やか盛りヘアー
用意するもの
Uピン
アメピン
定番のポニーテールができるウィッグ
逆毛ができない人
髪が少ない人
にオススメ!
①
前半分を左、右、上の3つに分けて残し、おだんごを作り、ウィッグをかぶせる
②
Uピンで固定し、毛先を内側に丸めアメピンでとめる。
③
すきまができても下がウィッグだから平気!
ピンはコサージュで隠す
前半分を左、右、上の順でウィッグにかぶせて、アメピンで順にとめる
★更に盛りたい人は…
前髪ウィッグを
センターで分けてクリップでとめるだけ!
普段使いにオススメの軽くて装着が簡単な
「モアセレアップ」
プラスチックの堅いタイプ
全部マジックテープ
「盛り髪ベース」柔らかいタイプ
はずす時は毛の根元を持ってそっとね!

十二月 Xmas
Xmasパーティ
クリスマスカラーの赤×緑に金と銀をプラスして華やかに
パーティの時はメイクは少し濃いめに
マラボーリースなどを使ってクリスマスらしさを演出
カジュアルなパーティはいつもより少し華やかなアイテムを足すと差が出る!
モダンな柄のお召しのきもの
お召しは、しぼと、光沢がある織物
将軍さまが気に入っていつもお召しになっていたので「お召し」という名前に
いつもより装いたい人にはヘッドドレスやアクセサリーをアクセントに
青のきものにふんわりとしたピンクの帯をしショッキングピンクの帯締めで全体を引きしめる

色の組み合わせ
きものは買った♥
または、持っている
けど、色の
組み合わせが
わからない!?
という時は・・
・基本は、きものの柄の
色から一色とると
まとまります
・いつものコーディネートも
あきたー
補色で差し色を
反対側の色を補色とよぶ♥
ヘイ!
帯揚げでも
帯締めの色で
小物でメリハリ
面積が小さくても強力な助っ人です♥

きものの柄は派手なのに

いざ着てみるとなぜか地味だったりすることがありませんか?

それは、色の明るさや鮮やかさが原因かもしれません。柄が華やかでも明度や彩度が低いと全体が沈みます

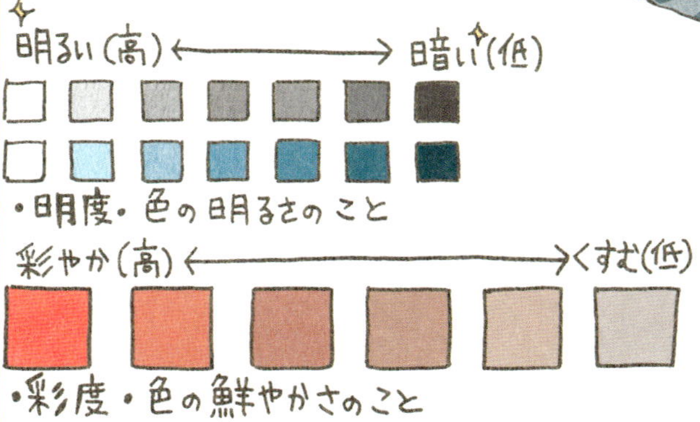

・明度が低いきものは帯を明るく✦白系を

・彩度が低いきものは、帯に鮮やかな色でバランスをとります

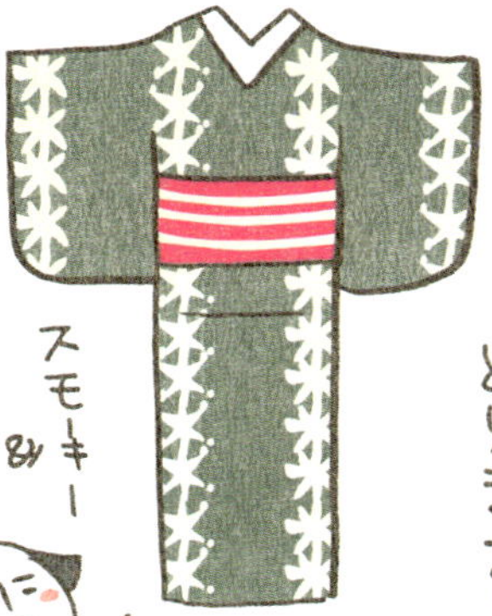

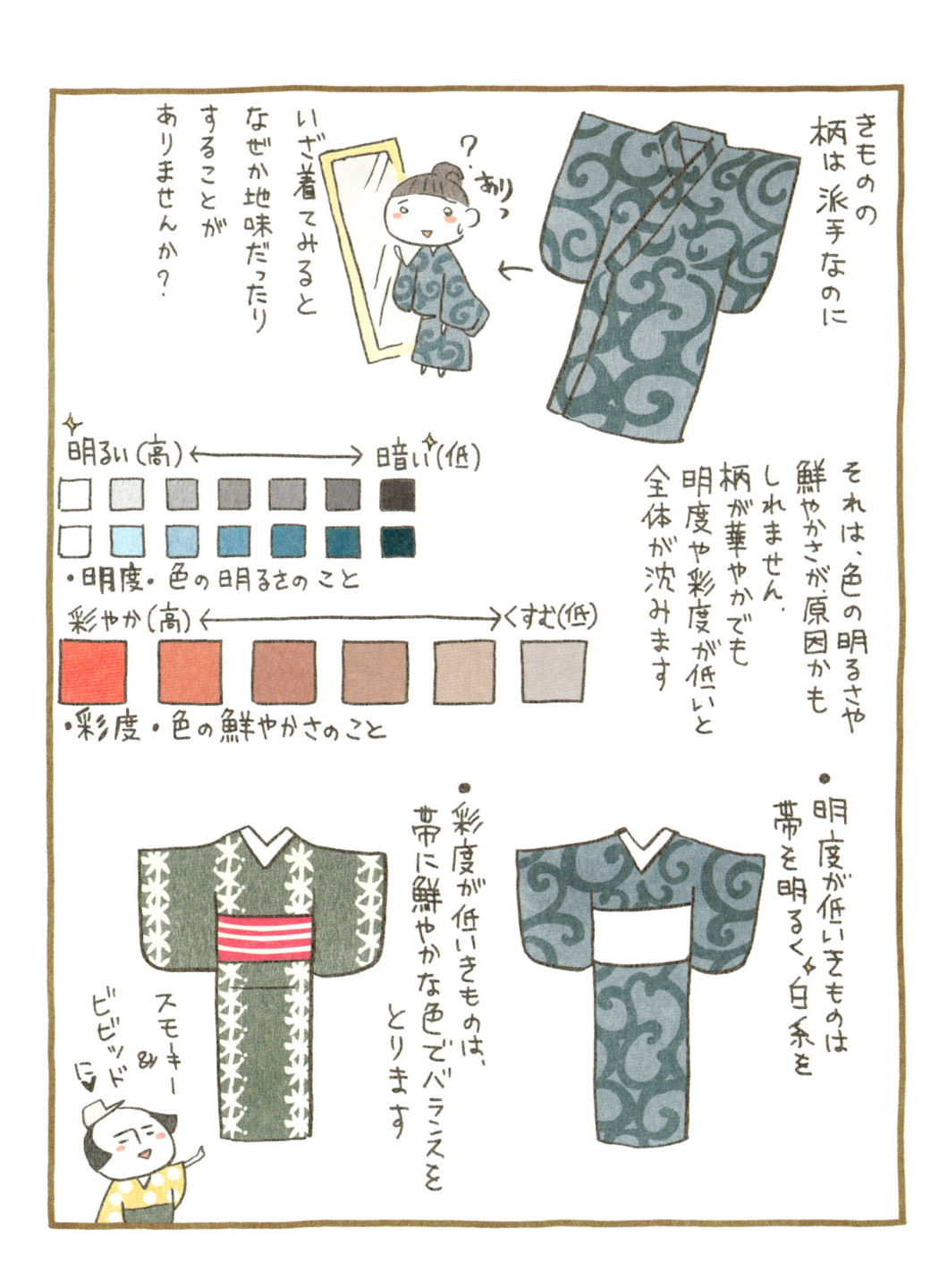

季節のモチーフカレンダー

まずは気楽に帯留めや、アクセサリーなどの小物から取り入れて季節を楽しみましょう♥

1月

松竹梅・鶴・宝船

2月

梅、うぐいす、水仙

3月

貝合わせ・木蓮・桃の花

4月

桜、藤、チューリップ

5月

バラ、牡丹、つばめ

6月

紫陽花、さくらんぼう、百合

7月

金魚・朝顔・蛍

8月

桔梗、撫子、秋草

9月

ぶどう・コスモス・月

10月

菊・紅葉・栗

11月

いちょう、落葉、きのこ

12月

椿・柊・おしどり

第二章

実際に着てみよう

水玉模様
おなじみの水玉は星空や
雪が降る様子に見立てられてきました。

•きものの話•

きもの番長 きものが好き
ぴよこ 世話好きなひよこ
さくら 番長の友達

えー!! きものって家で洗えたの!!
びっくり!
単衣《ひとえ》のもめんは洗えるんだよー
そう!
?
単衣《ひとえ》って何?
目のこと?
ちがう!
ちゅう
単衣は、裏地のないきもの
単衣《ひとえ》
6月・9月
袷《あわせ》
10月~5月
逆に袷は裏地のあるきもの
そしたら、6月、9月しか着られないじゃん!!
出番少ない~
もめんのきものは袷の季節にもOKで…
なんと3シーズン着られます!!
ひゃっほーう
春・秋・冬
春・秋
インナー
寒いときは
冬
アウター
コート
ショール
季節に合わせて下着と上着で調節します♥

種類もいろいろ
メジャーは久留米絣
片貝もめん
伊勢もめん
など
他にも、デニムや洋服生地もあるよ！
柄はどの季節でも着られる
水玉
ストライプ
チェック
ひしがた
小物で季節感をプラス♥
幾何学模様がオススメ♥
もめんは、すべりにくいから、着付けがしやすいよ♥
着なれない人にもオススメ！
他に、おすすめはポリエステルのきもの突然の雨にも大丈夫です
ポリは袷でも洗濯OK！
へー
最近のポリは素材感もいい!!
柄の種類も豊富だよ♥
かわいい…
冬には、ウールのきものもいいよ！
あったか
ぬくぬく
ポリもウールも家で洗えます
チドリ
まずは普段着のきものから気楽に始めてみよう！
のびのびね！
はーい！

もめんのきものの着回し

同じきもので様々な季節感を

◆青×白のチェックの場合◆

春

明るい黄色の帯で春らしく

半衿は、きものと同系色にすると柄物も落ちつく

片貝もめんのきもの

初夏

白の帯で爽やかに
青×白は涼しげ

半衿も
白ですっきり

ポイントに、
青のビーズの帯留め

ヘアアクセ帯留めなどに
透明感があると更に爽やか！

◆赤に白の水玉の場合◆

秋

グレーと深緑の帯で秋らしく

帯の裏を折って深緑をポイントに

帯締めは半衿から一色とって統一感を

久留米絣のきもの

冬

黒い帯をプラスして
赤×黒でほっこり

半衿も
暖色のサーモンピンクで

インナーも暖かく！

・帯の話・

ぐるじい〜
帯の練習してたー
助けて
ありゃー
ギャー
帯むりー
やっぱしムズカシイじゃん〜
もっと簡単な帯もあるよー
コレ
半幅帯《はんはば》15cm×3.8mほどの帯
よく見る結び方
文庫
貝の口
前で結んで後ろに回すから帯結びも簡単
しめ心地も楽!
ぐるり
これってゆかた用の帯でしょ!?!
?
普段着のきものなら大丈夫だよ!
生地の種類や仕立て方も色々
初めての人には絹の博多織がしめやすいよ♥
へー
通年使える
絹
もめん、ポリ
♥二枚の生地で袋状に仕立てられてる
夏限定の素材と仕立て
麻
紗《しゃ》、羅《ら》
目が粗くスケ感がある
♥一枚仕立ての薄い帯は単衣のきものの時期か夏

柄は、洋花や動物、四季の花々などをチョイス
着回しの利く柄
・花柄・
洋花
春と秋などの四季の花々
・モダン柄・
ネコ
トランプ
・古典柄・
コウモリ
麻の葉
チェック
水玉
縞
・幾何学模様・
これは、ステキだけど春だけの楽しみ…
最初は、長い期間使えるものがオススメ♥
色は、どの色のきものとも合う白系と黒系が、ビギナーにはオススメ
アイボリー系の白
緑系のシンプルなきものにも
ピンク系の華やかなきものにも♥
黒系
茶系も使える!
半幅帯もプラスαでお洒落の幅が広がります
帯締め
帯留め
帯揚げ
根付け
へー
おお!
最初は簡単に結べて楽な半幅帯がおすすめです

帯周り

「帯揚げ」「帯締め」は、名古屋帯の時に使いますが、半幅帯にも差し色として大活躍します。

・帯揚げ・
刺繍・うめ
縮緬・鮮やかなブルー
差し色に!
大きな麻の葉!
水玉
組み合わせでコーディネートいろいろ!
・根付け・
タッセル
トンボ玉
コサージュを付けても
・帯留め・
陶器・ぼたん
樹脂の中にお花
ガラス玉
さんご
菊
スワロフスキーで華やかに
ビーズ
・帯締め・
左右別々の柄
刺繍
ビーズ
帯留めを通す三部紐

●襦袢の話●

袖から、チラッと見えてるのは何？
かわいい♥
あっ これ？
長襦袢、きものの下に着るんだよ
今日は二部式♥
・長襦袢
・二部式長襦袢（上が半襦袢 下が裾よけのセット）
そして一番下には肌着をつけます
・肌襦袢＋裾よけ
キュプラがオススメ
他にも
・和装スリップ、ステテコなど
洋服の肌着もOK!
キャミ
お手軽
衿あきの広いTシャツ
スパッツ
へー
普段着には二部式長襦袢がオススメ♥
胴体はさらし
丈の調節ができる♥
きものの下は、これとキャミソールでOK!
もともと庶民の普段着の下はコレ♥
下の動きが上に響かず着くずれしにくいです♥
らくちん
スタ スタ

ほとんどが洗える素材だから洗濯もOK♥
汗じみの心配なし
レースの筒袖の半襦袢はどんな袖丈のきものでも大丈夫！
・袖の合わない襦袢
・筒袖だとOK！
普段着の強いみかた！
きものの袖に合わせて「替え袖」をつけ替える方法もあります
アンティークきものの長い袖にも♥
替え袖
長さいろいろ！
スナップなどでとめる
気温や体調に合わせて、下着で調節します
番長の場合
あたたかい日
めんレースの半襦袢
キャミ
or
衿あきの広いTシャツ
暑くなったら
裾よけ
ステテコ
寒い日
衿あきの広い長袖Tシャツ
真冬は
洗えるシルクの二部式長襦袢
ウールの腰まき登場！
スパッツ
薄く複数重ねると空気の層でより暖かいです
エヘ
寒がり…
普段着のきものの下はこだわる所と手を抜く所を分けるのが楽に着るコツです♥
見えない所でハードルをさげる！

長襦袢

普段着のきものの時は気楽な二部式長襦袢。パーティなど特別な日はお気に入りの「長襦袢」でめかしてます♥

麻の葉
絞り

きものより
華やかな
極彩色!

前より
後ろが
インパクト
のある
アンティーク

半衿の話

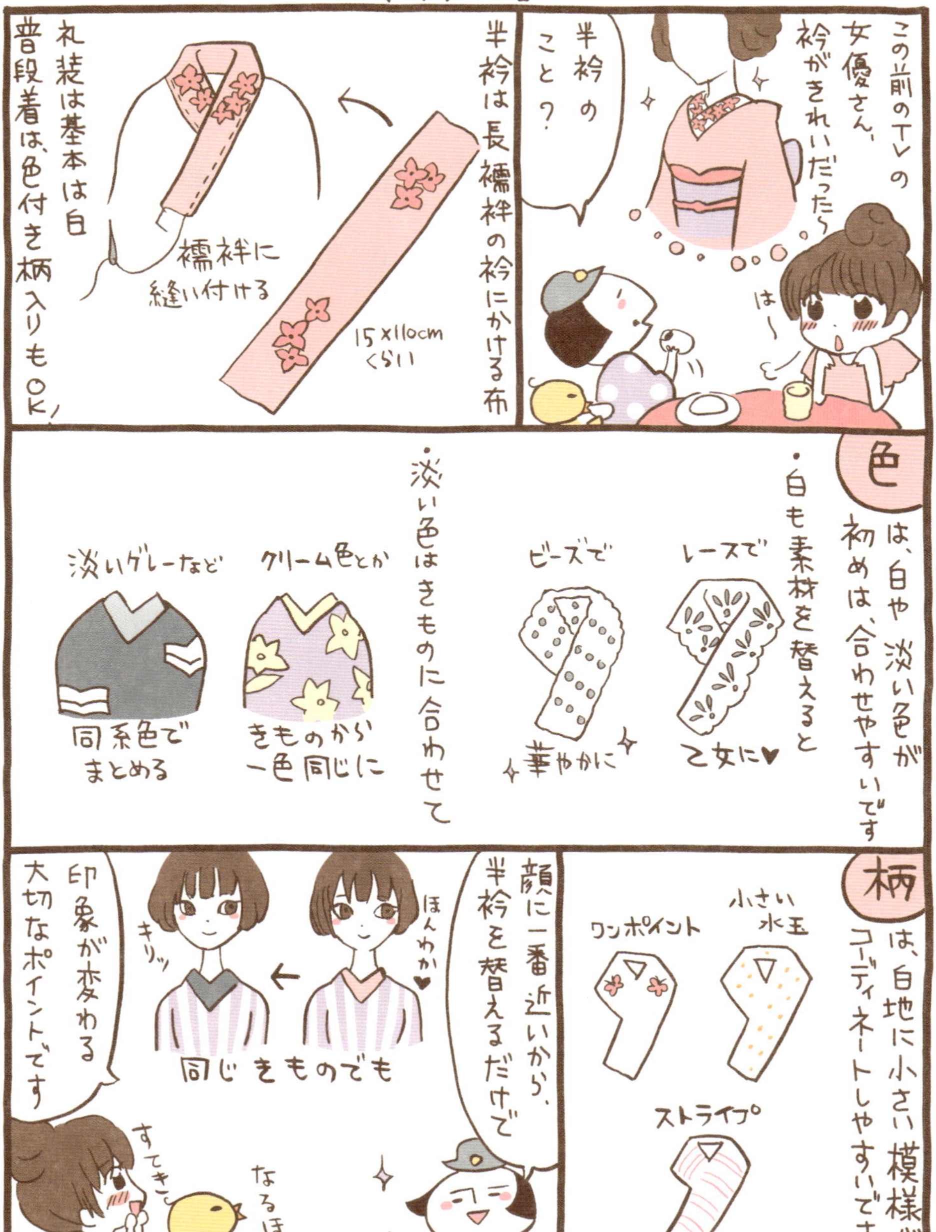

この前のTVの女優さん、衿がきれいだった〜
はー
半衿のこと？
半衿は長襦袢の衿にかける布
15×110cmくらい
襦袢に縫い付ける
礼装は基本は白
普段着は、色付き柄入りもOK！
色
は、白や淡い色が初めは、合わせやすいです
・白も素材を替えると
レースで
乙女に♥
ビーズで
華やかに
・淡い色はきものに合わせて
クリーム色とか
きものから一色同じに
淡いグレーなど
同系色でまとめる
柄
は、白地に小さい模様がコーディネートしやすいです
小さい水玉
ワンポイント
ストライプ
顔に一番近いから、半衿を替えるだけで
ほんわか♥
キリッ
同じきものでも
印象が変わる大切なポイントです
すてき
なるほど

半衿
ちょっと派手かなと思う柄でも半衿にすると小さな面積で大きな効果が！
70's
60's
スカーフ
古着屋にて
洋服で着こなすのが難しい60's 70's も、半衿にすると取り入れやすい♥ きものとも相性がよい
絞りの半衿は実は、七五三の時の帯揚げ
はさむだけ！
ブローチやイヤリングを衿飾りに。半衿を黒にすると飾りが際立つ！
ひょう柄
水玉
インパクト大！
アンティークきもののはぎれ
アンティークの刺繍
パンチのある柄は、モノトーンや無地っぽいきものでまとめる
ふりふのレース半衿
下に一枚色付きの半衿を重ねづけするとレースの透き間から見えてまた別の印象に
ビーズの半衿はオールシーズンOK！初心者にオススメ

・足袋の話・

足袋って…窮屈…
私甲高なんだよねー
おっ！きもの♥
ステテ
慣れないうちは…
ストレッチの足袋はどう？
楽だしデザインも豊富！安い♥
・くつ下 足袋・
・ノーマル・
2つの間くらい
ストレッチ足袋
足袋は礼装は白 普段着は色付き柄入りOK！
ストレッチ足袋に塗りの下駄は滑るから他の組み合わせにしてね
白木の下駄・草履などはすべりにくい♥
くつ下たびも
へー
柄は、白地に小さい模様や、幾何学模様も合わせやすいです
ストライプ
小さい水玉
レース
ワンポイント
アイボリーはよく使う
寒い日は、別珍の足袋が暖かくておすすめ
あたたかい！
色とりどり
中に薄手の5本指ソックスを履いたり！
真冬は更に、重ね履き！
あと鼻緒は…
はやっ
いってきまーす！

足袋

ストレッチ足袋

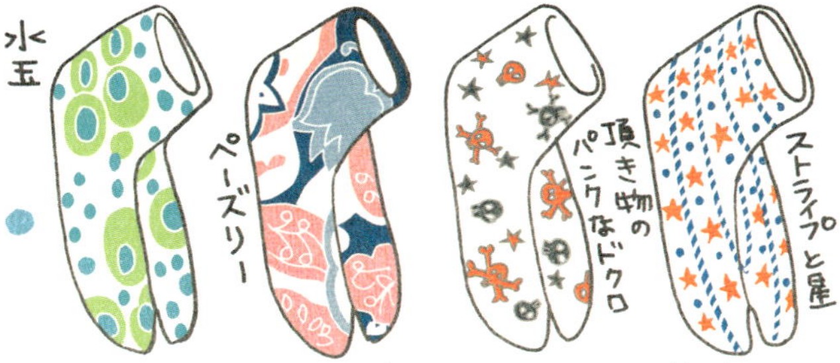
水玉
ペーズリー
頂き物のパンクなドクロ
ストライプと星

白がベースだと柄物でも、コーディネートがしやすい。おもしろい柄があるとついつい買っちゃう

季節の柄足袋

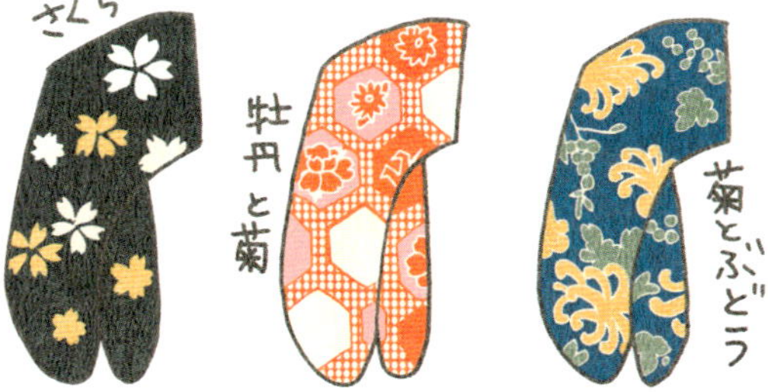
さくら
牡丹と菊
菊とぶどう

華やかな柄足袋は、きものをシンプルにして、バランスを取ると取り入れやすい

くつ下足袋

ねこ
花柄
うめ柄

1足380円くらい

一番リーズナブル♥履いた時に指の形が気になる人は、下に足袋の重ね履きを

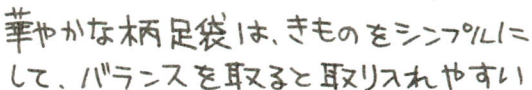

•履物の話•

ただいま〜〜〜ん
どうしたの!?
下駄で…
足がいたい〜
マメつぶれた…
あらら
鼻緒は太くて柔らかいのが痛くならないよ!
本天とかおすすめ
鼻緒
無地
水玉
ストライプ
シンプルな鼻緒は合わせやすい
履物は、普段用の下駄と、礼装と普段用の草履があります
台の形の種類
カラン
コロン
•二枚歯下駄•
•右近下駄•
•船底下駄•
草履と同じ形
•草履•
普段用には、金、銀の入ってないものを
慣れてないと階段降りるのこわい…
ガコッ
二枚歯が歩きづらい人は、船底や右近がオススメ!
素材もいろいろ
下駄の代表的な種類
塗り
白木
彫り
焼きなど木の素材
草履
エナメル
畳表
など
草履は基本雨に弱い
急な雨にもOK!
コルクの草履は軽くて履きやすいです
次こそはっ!!
たてる?
意外とタフね

履物

草履

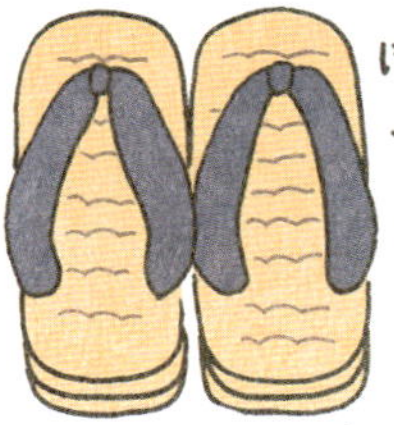
ぽってり

アンティークの畳表
ちょっといいきものを
着た時に履いてます

右近

箱根細工の台
格子と水玉で
モダンに!

二枚歯

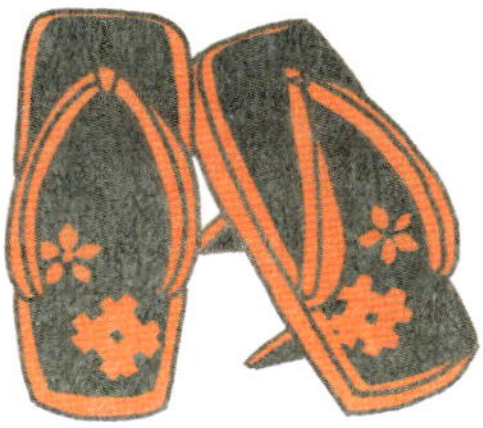

塗りの下駄
黒の台に赤の鼻緒は
素足がキレイに見える

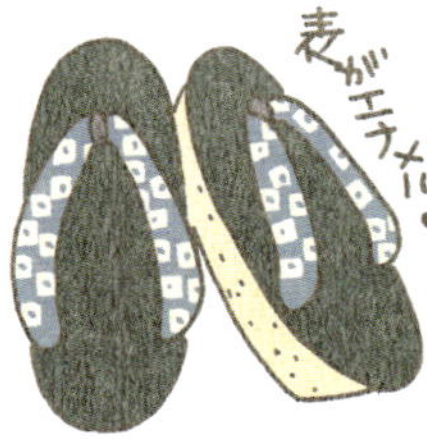
表がエナメル♥

コルクの台は
クッション性があるし、
軽いから、沢山歩く日に♥

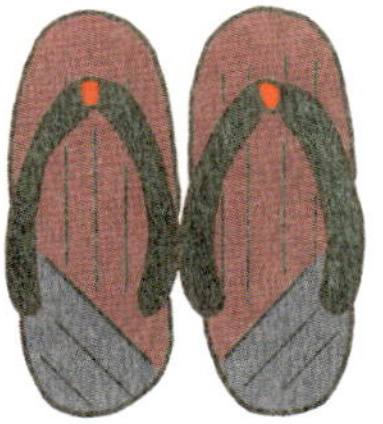

シンプルな下駄は、
コーディネートに
困った時に助かる

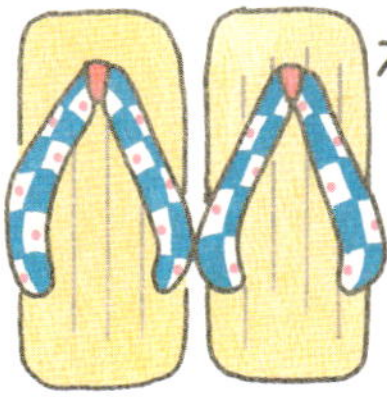
柾目が美しい

白木の台は、素足だと
足跡がつくので
足袋を…

げっ!

歩く時も台がチラリとみえる♥

けんかしない♥

無地の鼻緒は、どんな足袋やきものにも合わせやすいです。

鼻緒がシンプルなので台に柄や模様などのポイントが入っているものでバランスを。

ぬいだ時も
ステキ

・雨の日の話・

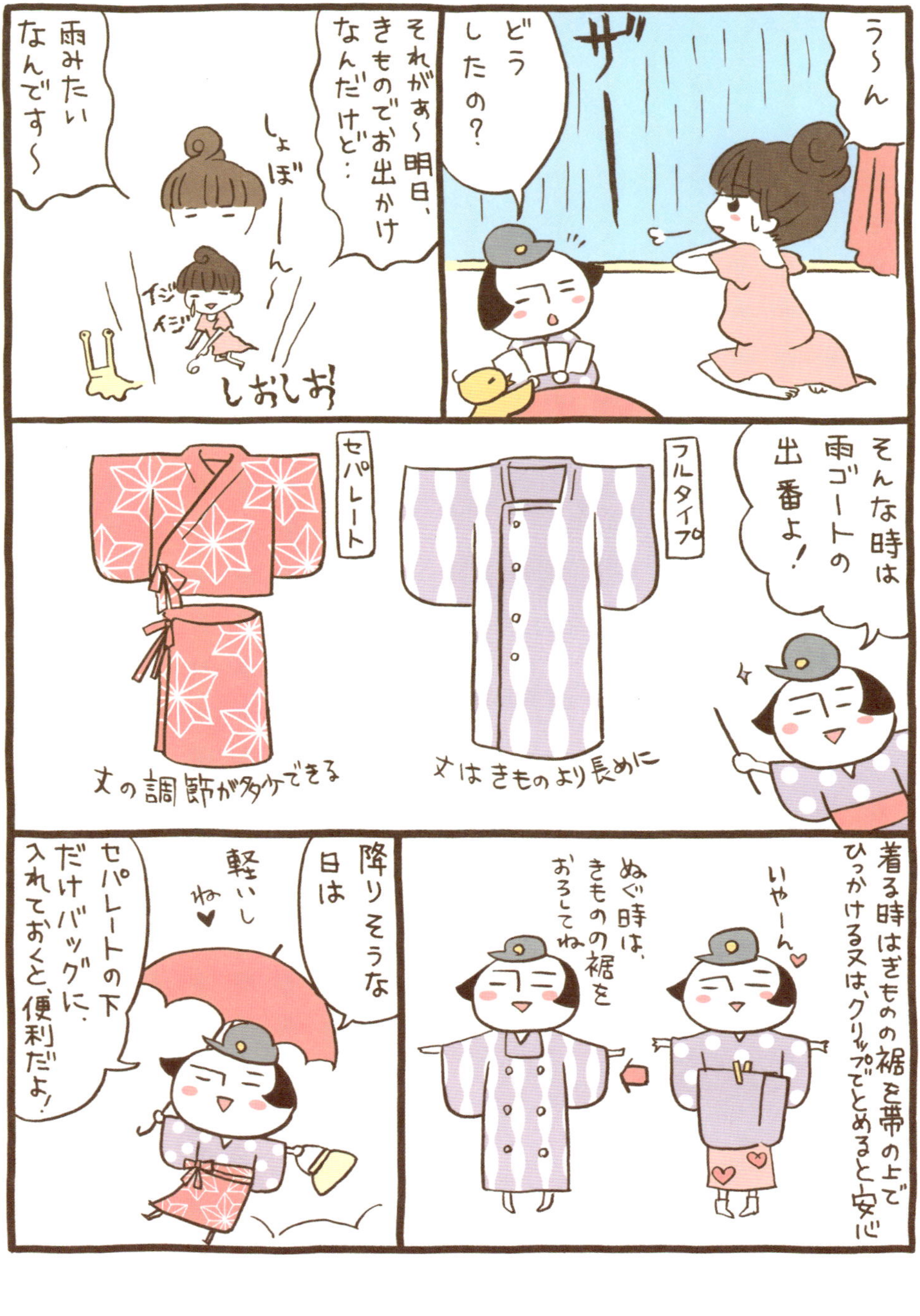
う〜ん
ザー
どうしたの？
それがあ〜明日、きものでお出かけなんだけど…
雨みたいなんです〜
しょぼーーん
イジイジ
しおしお
そんな時は雨ゴートの出番よ！
フルタイプ
丈はきものより長めに
セパレート
丈の調節が多少できる
着る時はきものの裾を帯の上でひっかけるヌはクリップでとめると安心
いやーん
ぬぐ時は、きものの裾をおろしてね
降りそうな日は
軽いしね
セパレートの下だけバッグに入れておくと、便利だよ！

そして履物も雨用に
雨下駄
ひっかける
爪皮
草履カバー
かぶせる
持ち歩きに便利!
ドーム状
雨草履
雨下駄は裏に滑り止めのゴム張りのものを選んでね!
へー
好きな爪皮があると雨の日も楽しいよ♡
ストライプ
花柄
水玉
しずく
ムフッ
どれにしようー♡
かわいいー!!
キャ♡
雨ゴートも雨用の履物も乾かしてしまいます
そして爪皮のゴムは前の歯にかけてね!
こっち
ゴムがのびるから!
足袋は汚れても目立たない濃い色や柄ものを
裏も濃い色だとベスト
雨が強い日は更に
替えの足袋をバッグに入れると濡れても平気!
ミニタオルも♡
へー

傘は大きめが帯や袖が濡れなくてオススメです
骨が多いと和傘風に
タッセルをつけてもかわいい♥
不安定な天気の日は
洗えるポリエステルのきものが気楽です♥
へっちゃら
やめて
私の場合は一日中雨の日はフルの雨ゴート
曇りの日は、ポリエステルのきもの
あっあめ
小雨は雨ゴートのセパレートの下のみ
と使い分けてます工夫して雨の日も楽しもう♥
ーえ〜けど急な雨はぁ〜
ぶー
……。
そんなときはあっっ!!
こう
しりっぱしょり。
こうっ?
ちがうー

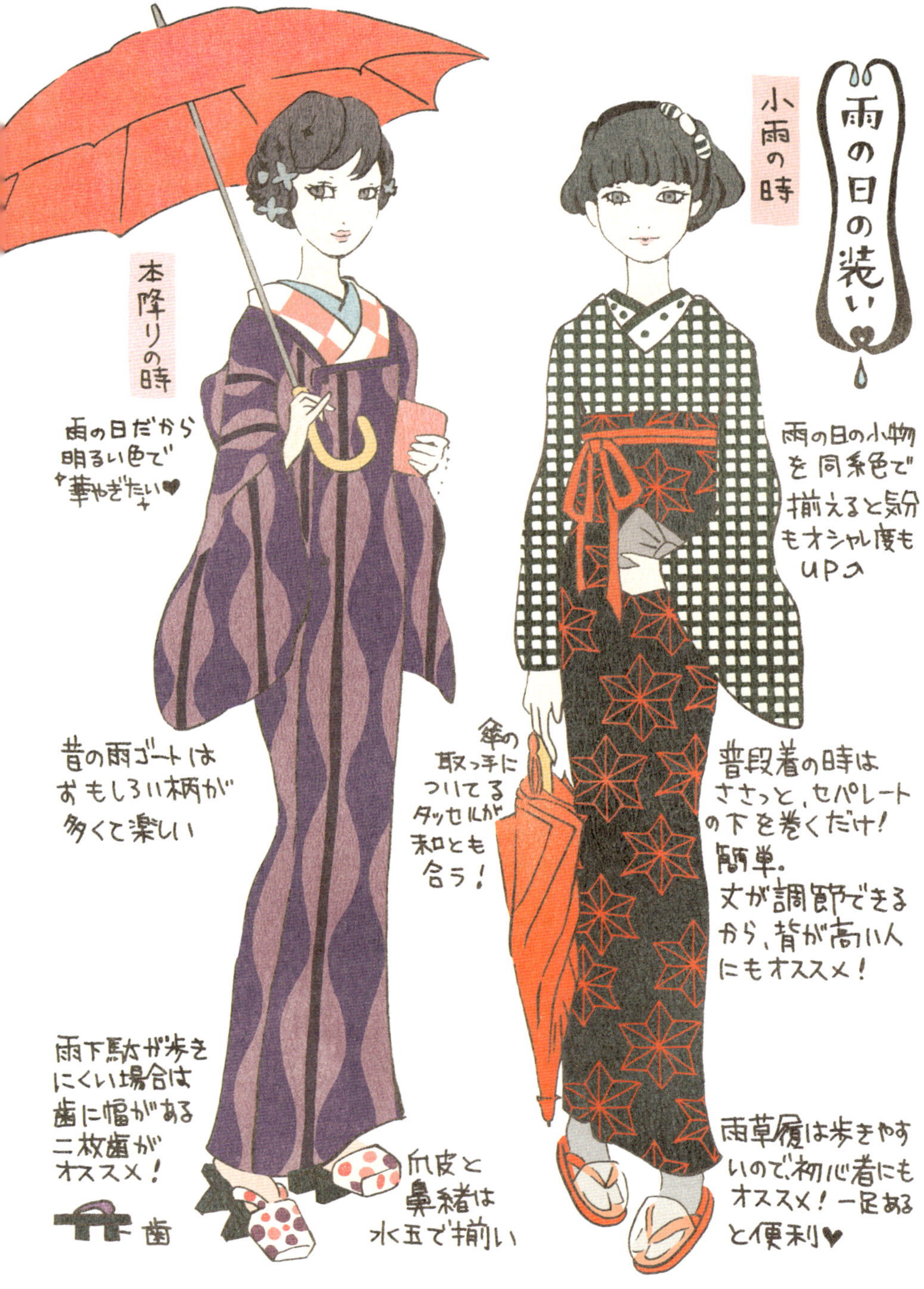

雨の日の装い
小雨の時
本降りの時
雨の日だから明るい色で華やぎたい♥
雨の日の小物を同系色で揃えると気分もオシャレ度もUP♪
昔の雨ゴートはおもしろい柄が多くて楽しい
傘の取っ手についてるタッセルが和とも合う!
普段着の時はささっと、セパレートの下を巻くだけ!簡単。丈が調節できるから、背が高い人にもオススメ!
雨下駄が歩きにくい場合は歯に幅がある二枚歯がオススメ!
歯
爪皮と鼻緒は水玉で揃い
雨草履は歩きやすいので、初心者にもオススメ!一足あると便利♥

きものに必要なもの

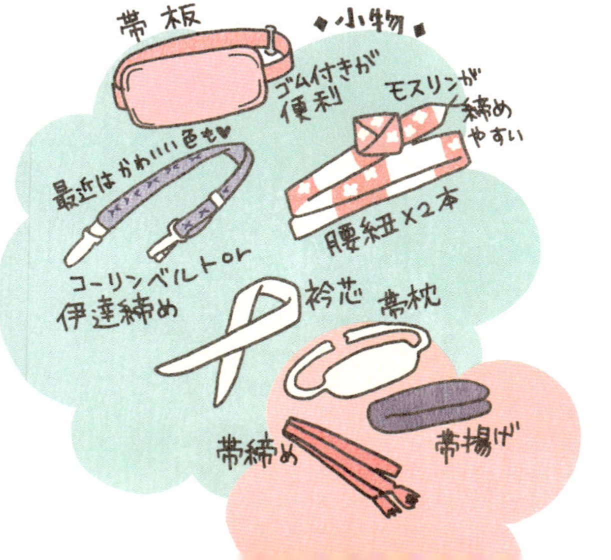

List
きもの
帯（半幅 or 名古屋）
長襦袢 or 二部式襦袢
半衿
衿芯
足袋
腰紐２本
コーリンベルト or 伊達締め
下駄 or 草履
帯板
名古屋帯は、プラス帯枕、帯締め、帯揚げを
帯締め、帯揚げは半幅帯に使ってもOK

第三章

特別の日の装い

市松模様

元々の名前は石畳紋。
江戸時代に人気だった歌舞伎役者・
佐野川市松が舞台衣装に愛用して
大流行したことから「市松」と
呼ばれるようになりました。

和の結婚式
♥参加者のみんなも きもの♥
夫の実家のある広島の厳島神社にて

・かつら合わせ・
今のかつらは軽量化されていてすごく軽かった！
らく〜
・衣装えらび
同じ白無垢でも生地の文様が違ったり刺繍や紋と種類も豊富、どれも美しくてうっとり
キャー
↑たくさん試着した
帰りに厳島の鹿にコサージュを食べられそうに
ギャー
ムシャ
味見〜
当日は日本晴れ
ホテルから神社へと送ってくれる人力車のおじさまが本格的！
自毛のまげ
プロ中のプロ！
食事会は大名御膳で
コレ
昔の結婚式のようにしました！
終わったら温泉だー!!
スポーン
いえーい！
みんなで汗を流す
あっ〜

結婚パーティ

友人だけ呼んだカジュアルな
結婚パーティ！舞妓が旦那に
身受けされるというコンセプト
銀座7丁目の
「銀座ライオンクラシックホール」は
レトロでいい雰囲気！

私の衣装は夫の祖母からきもの、帯、長襦袢を借りた
いいですか？
いいわよ～
神明町さん
93才！
英語ペラペラの才女々
会場もきものも70年前のもの
サイズもピッタリ！
夫の衣装は手持ちのきものに小物をプラス
レトロな帽子
まるメガネ
貫禄がUPする
つけひげ
紳士といえばステッキ
地毛で日本髪を結ってもらいました！
京都で本物の舞妓達の髪を結っていた！
キリッ
髪結いのプロ
質のいい鬢付け油はいい香り～
落合さんにメイクと着付けもおねがいしました
割れしのぶ 舞妓さんの最初の髪形
職人が作った「花かんざし」
後ろの鹿の子留めもゴージャス
もちろん小物もお借りしました
会場ではお客様もスタッフもきもの！（きものだったら何でもOK）
入口で撮影して…
パシャ
レトロなカメラ
写真をボードにはって
きものコンテスト
お気に入りを投票
ベストドレッサー!!

キモノショー

福岡の着物溺愛会「着楽衆」プロデュースのきものでブライダルショー！会場の石蔵酒造も趣があってステキでした

花嫁役
憧れの束髪
キリッとすてきな黒引き振袖
ブルーが清楚
案内役
稚児髷にした
私は新婦の祖父を現世に案内する役
新婦の友達役

内容は、天国から新婦の祖父が結婚式を見に来たり新婦の友達がトラブルメーカーだったりドタバタハートフルコメディショーでした

◆みんなでショー作り 二〇〇三
ハーイ
こういうストーリーで
そして花嫁役は ろタイでどう？
東髪にして みたいから♡
うふ♡
I♡しいたけ頭
案内役の子供のきものはメグちゃんしか入らないからダメ！
後、顔は白ぬりね
↑きものに、最も詳しいメンバー
ガーン
白ぬり…
↑一番ちび…
酒蔵の暗い場所を歩いていたら…
ギャー
子供に恐がられた…
キックボードで登場!!
ろハハー
上：羽織
下：スカート
足元：ブーツ
着楽衆でプロデュースした他のショーにも参加

オランダで個展
ロッテルダムのギャラリーから声をかけてもらい
いざオランダへ♥
坂本龍馬のイメージ
キリッ
日本の夜明けは近いぜよ！
龍馬というよりお小姓ね…
ププ
動きやすいウールの袴！
ガーン
弱そう
石畳に強いブーツ
オランダに着いて早速壁画の制作！
やるぜ！
おばあちゃんの作務衣に上を着替えた
祭りの時に使っていたエプロン
アトリエは、川の上にある巨大なハウスボートの中…
オランダのアーティストもいる

※福岡のおみやげの代表「にわかせんぺい」についてくるお面

雅叙園パーティ
赤い絞りの半衿
假屋崎さんの華道展のオープニングパーティのチケットがラジオで当たった!
大きなパーティの時は、ボリュームのある結び方にすると華やかに
これは文庫結びをアレンジしたもの
帯締めと鼻緒の色を「紫」で合わせたとばしてポイントを作るとまとまる
アンティークの畳表の草履
撮影
福岡のフリーペーパー「FD」のきものコーナーの千英さんのスタイリングが好きでお願いした
★自分以外の人にコーディネートしてもらうのは、刺激になるし新しい自分を発見できるのでオススメ♥
〜パーティの時に気をつける事〜
◆急がない
ちこちこ
ステーン!
目黒の坂はキケン!
畳表もすべりやすい‥
◆袖に気をつける!
ごちそう
ガシーン
◆落ちついて行動しましょう…私
裾‥
や‥ぶけた

映画に合わせて
江戸川乱歩の映画のイメージに合わせてコーディネートした
依頼主が実は犯人だったりして

◆学校のスケッチ旅行

金田一

田舎の港町だから何かありそうだし

金田一すき
ポリポリ
不吉な事言うなっ!
カランコロン

もちろん事件は起こりませんでした。

乱歩ファンに小林少年みたいだね
いいね…
そう?
デニムのハンチング帽

予想外のことも
同じ姿でも、人によって見え方が違うからおもしろい!

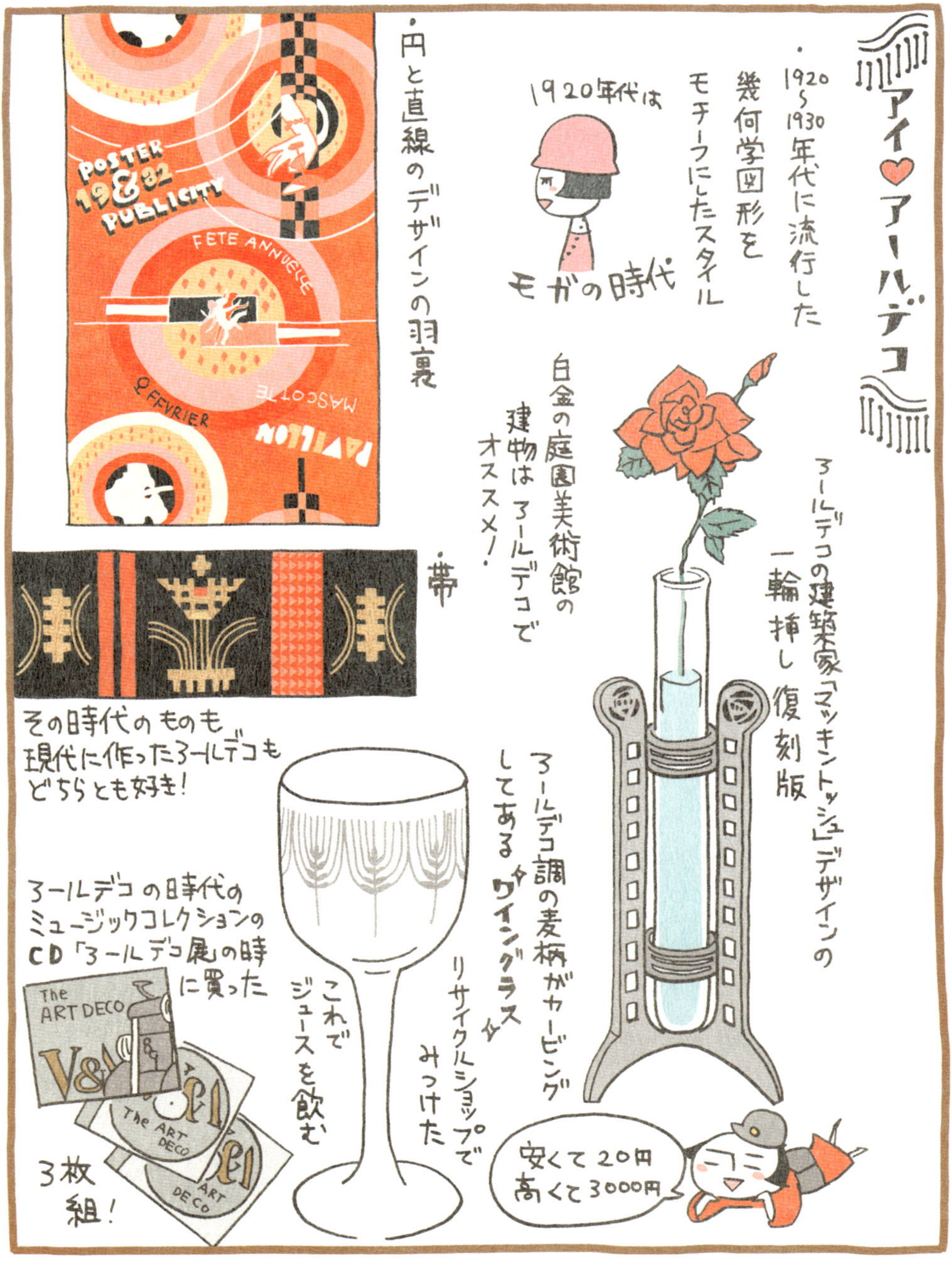
アイ♥アールデコ
・1920〜1930年代に流行した幾何学図形をモチーフにしたスタイル
1920年代は
モガの時代
・円と直線のデザインの羽裏
POSTER 1982 PUBLICITY
FETE ANNUELLE
8 FEVRIER
MASCOTTE
PAVILLON
白金の庭園美術館の建物は アールデコでオススメ!
アールデコの建築家「マッキントッシュ」デザインの一輪挿し復刻版
・帯
その時代のものも
現代に作ったアールデコも
どちらとも好き!
アールデコ調の麦柄がカービングしてある ワイングラス
リサイクルショップでみつけた
これでジュースを飲む
アールデコの時代の
ミュージックコレクションの
CD「アールデコ展」の時
に買った
The ART DECO
3枚組!
安くて20円
高くて3000円

第四章

小物は作れます

菱形紋様

縄文時代からある紋様。
菱形の実をつける水生植物「菱」が
その名前の由来とか。

手作りしよう！

あのきものには
白の綿レースのコサージュが似合いそう
探すか・・
もってない・・
どこー
あった!!
けど高!?
そしてでかっ
35,000
作ればいいじゃん
そっか！
器用な友達が多いのはありがたい
よーし
作るぞ
近頃は、このパターンの私

これから紹介する手作りは、切るだけだったり、ゴムで結ぶだけのすごく簡単な初級編と、ミシンや絵の具を使用することにチャレンジしたい人向けの中級編です。

ほとんどの材料は手芸店やネットなどで購入可能です。

使わなくなったけれど愛着のあるアクセサリーや、お気に入りのボタンなど、今まで眠っていたものがちょっとした工夫で、きものの小物として、もう一度活躍します。

普通に購入するとそれなりに値が張る小物も、自分で作ればリーズナブル。コーディネートの幅も広がります。何より自分オリジナルの小物を身に付けられるのは、きもののおしゃれをワクワクと楽しいものにしますよ。

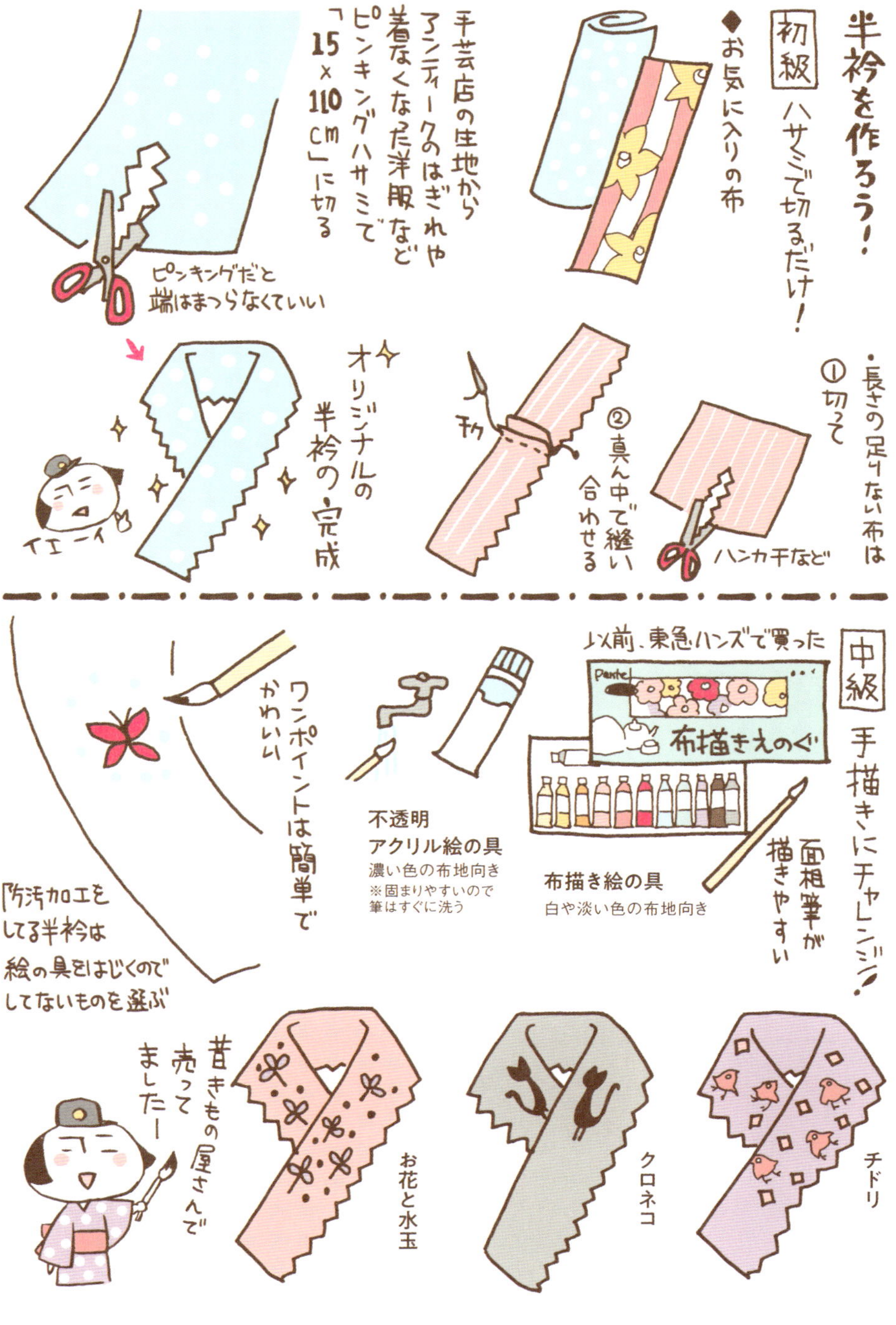

半衿を作ろう!
初級
ハサミで切るだけ!
◆お気に入りの布
手芸店の生地から
アンティークのはぎれや
着なくなった洋服など
ピンキングハサミで
「15×110cm」に切る
ピンキングだと端はまつらなくていい
・長さの足りない布は
①切って
ハンカチなど
②真ん中で縫い合わせる
チク
オリジナルの半衿の完成
イエーイ
中級
手描きにチャレンジ!
以前、東急ハンズで買った
Pentel
布描きえのぐ
面相筆が描きやすい
布描き絵の具
白や淡い色の布地向き
不透明
アクリル絵の具
濃い色の布地向き
※固まりやすいので
筆はすぐに洗う
ワンポイントは簡単で
かわいい
防汚加工をしてる半衿は絵の具をはじくのでしてないものを選ぶ
昔きもの屋さんで売ってましたー
お花と水玉
クロネコ
チドリ

帯留めと根付けを身近にあるもので作ろう!

◆ボタン

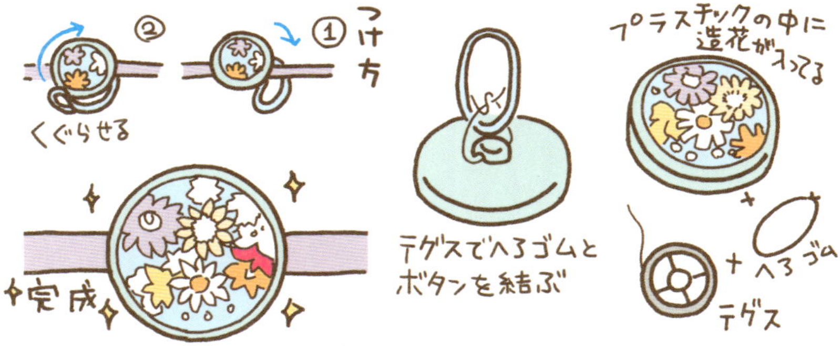
プラスチックの中に造花が入ってる
+
+ ヘアゴム
テグス
テグスでヘアゴムとボタンを結ぶ
つけ方
①
②
くぐらせる
完成

◆ペンダントヘッド

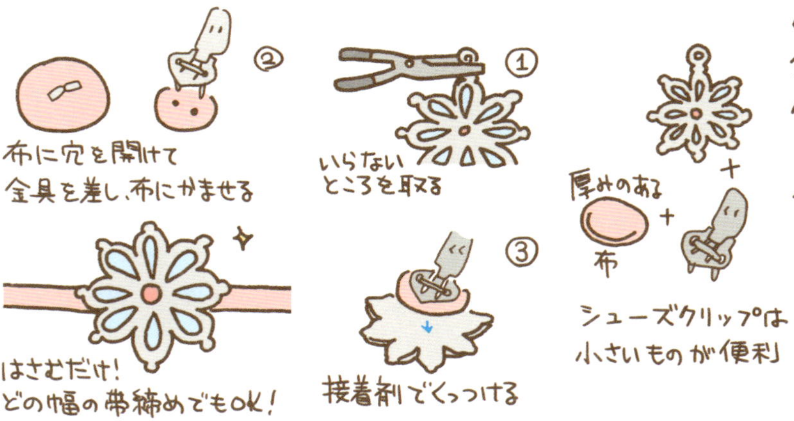
+
厚みのある
布
+
シューズクリップは小さいものが便利
①
いらないところを取る
②
布に穴を開けて
金具を差し、布にかませる
③
接着剤でくっつける
はさむだけ!
どの幅の帯締めでもOK!

◆箸置き

+
帯留め用の金具は
重さのある箸置きにも使える
接着剤で
くっつける
帯締めに通す

◆根付け

タッセル、ヘアゴム、キーホルダーなど輪になってるものが付いてれば何でもOK

①
輪にヘアピンを通して
②
帯板に差し込めば
完成

コサージュをリーズナブルに作る

◆用意するもの

ヘアピン
針・糸・ハサミ
造花
できのよい造花を選ぶのがポイント！100円ショップでも美しいものもある！

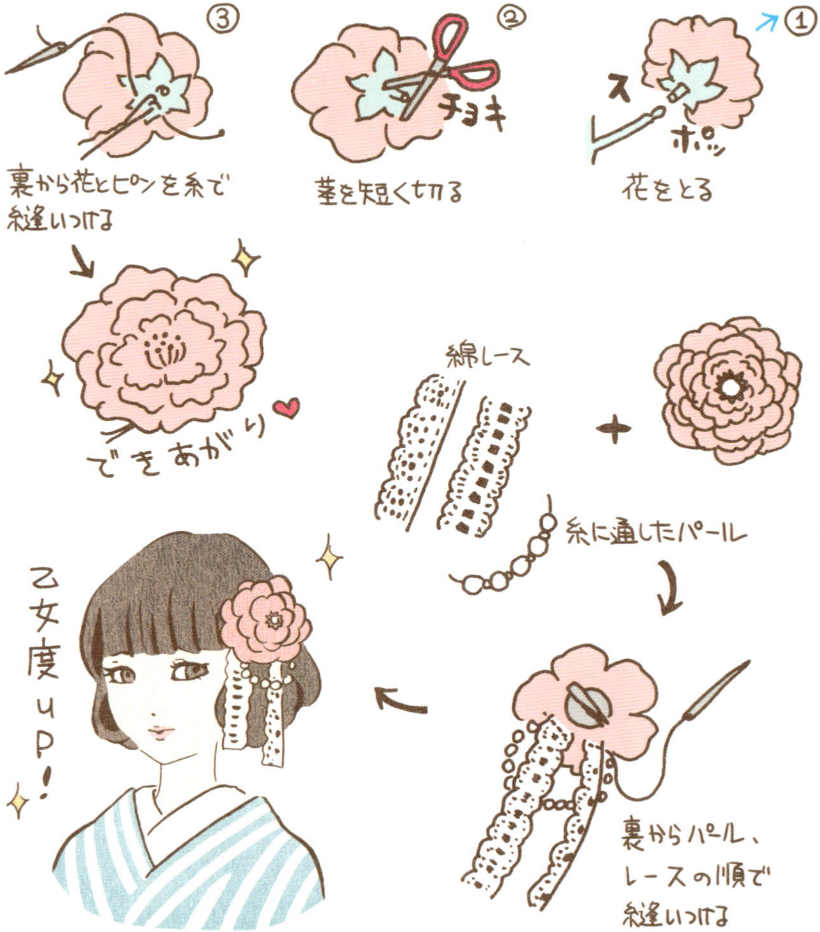

①
スポッ
花をとる
②
チョキ
茎を短く切る
③
裏から花とピンを糸で縫いつける
できあがり
◆レースとビーズでドレスUPU

手持ちのコサージュにプラスαするだけ
綿レース
糸に通したパール
裏からパール、レースの順で縫いつける
乙女度UP！

付け袖の作り方

アンティークやいただいたきものは袖のサイズもまちまち。手持ちの長襦袢に合わないきものは、付け袖を作れば大丈夫！

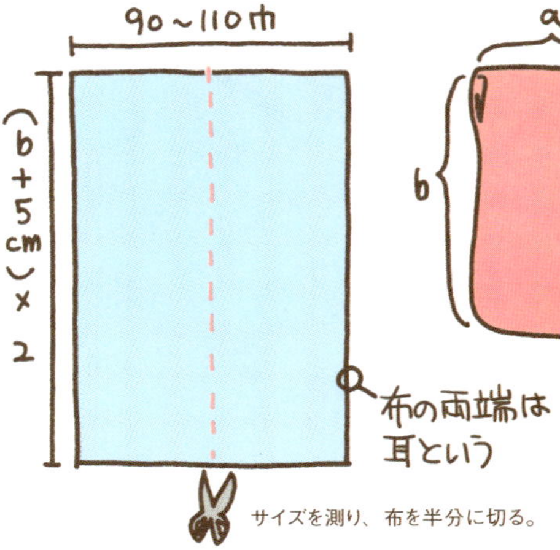

90～110cm
(b+5cm)×2
布の両端は耳という

サイズを測り、布を半分に切る。

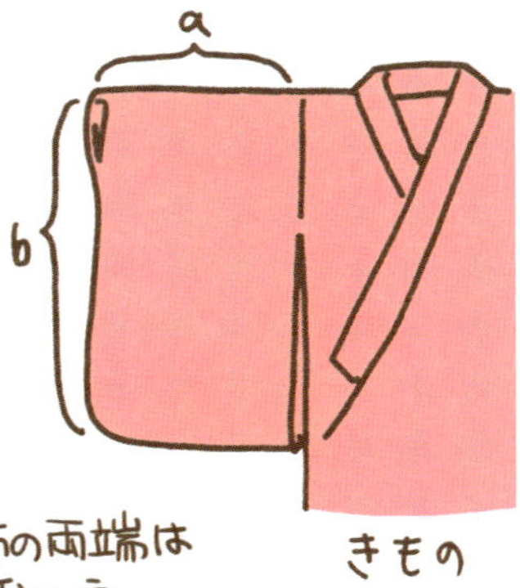

a
b
きもの

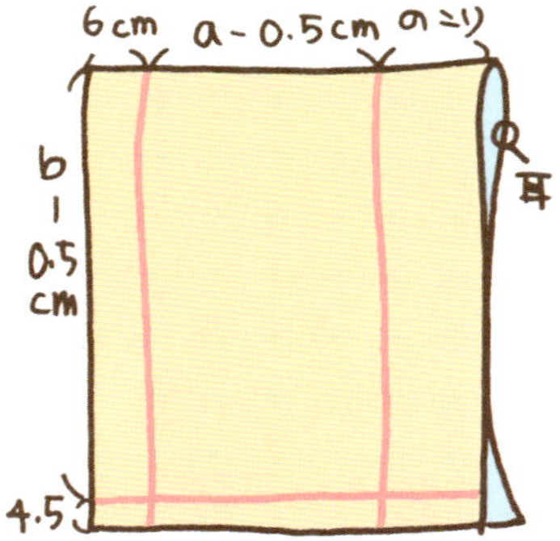

6cm
a-0.5cm のこり
b-0.5cm
耳
4.5

1. 裏を表にして、2つに折り、チャコで印をつける。

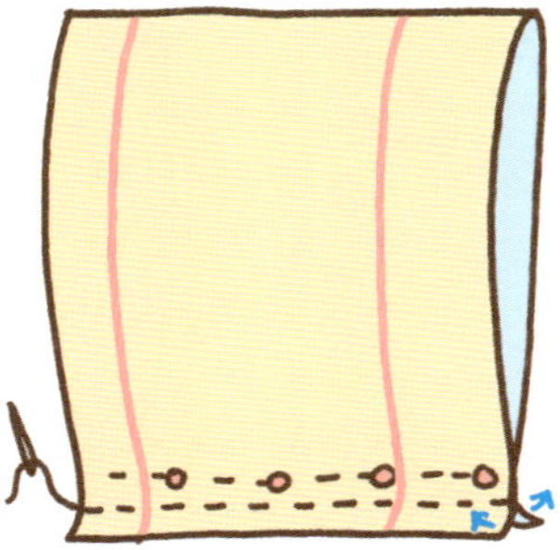

2. 袖の下を縫う。縫い代は2つに割って二つ折りにして、アイロンで押さえる。

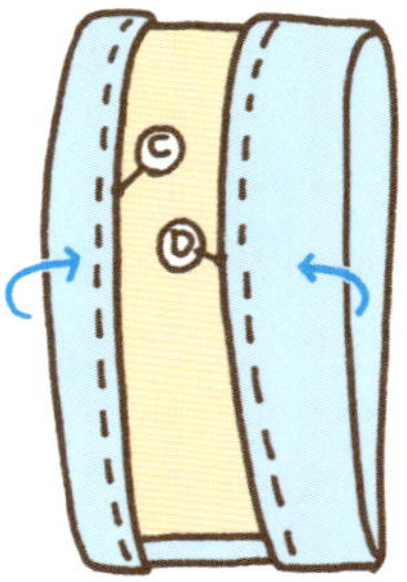

C
D

3. 両端を印で折り、アイロンをかける。Cを先1cmで三つ折りにして縫い、Dは二つ折りにして縫う。

★すべてミシンでもOK！

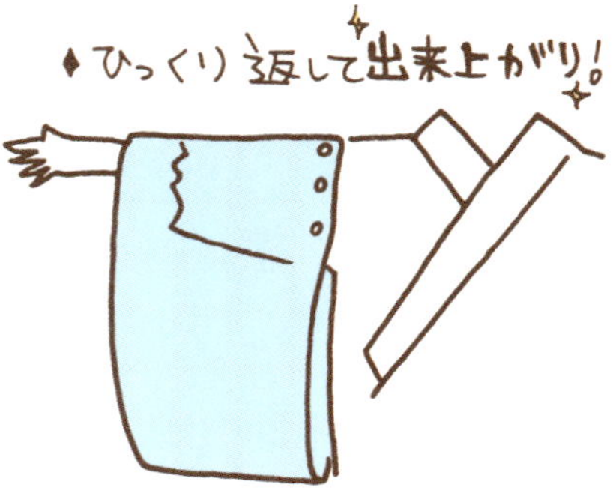

ひっくり返して出来上がり！

筒袖の半襦袢にスナップやマジックテープでとめる。

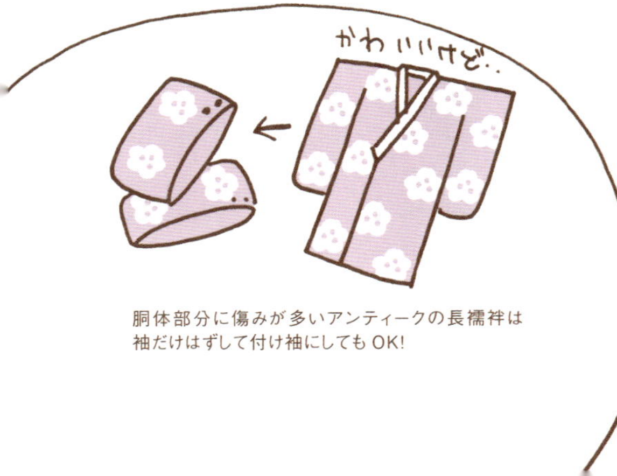

かわいいけど…

胴体部分に傷みが多いアンティークの長襦袢は袖だけはずして付け袖にしてもOK!

リバーシブルの半幅帯の作り方

出来上がり寸法（15 × 380cm）　材料：布（19 × 384cm）2 枚、帯芯（15 × 380cm）1 枚

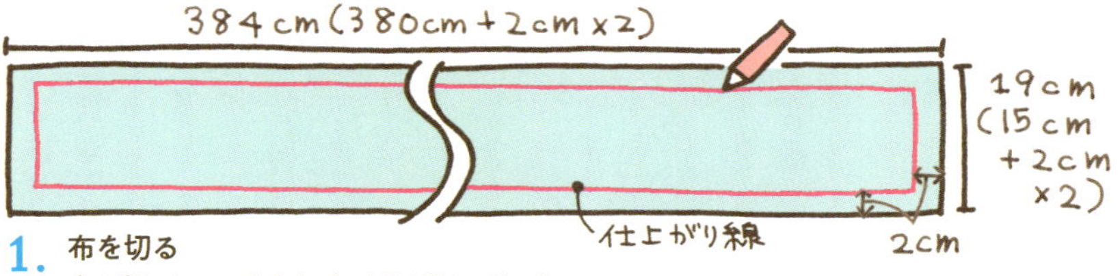

1. 布を切る

布の裏にチャコで出来上がり寸法を引く。縫い代をとって、ハサミで切る。もう 1 枚も同様に。

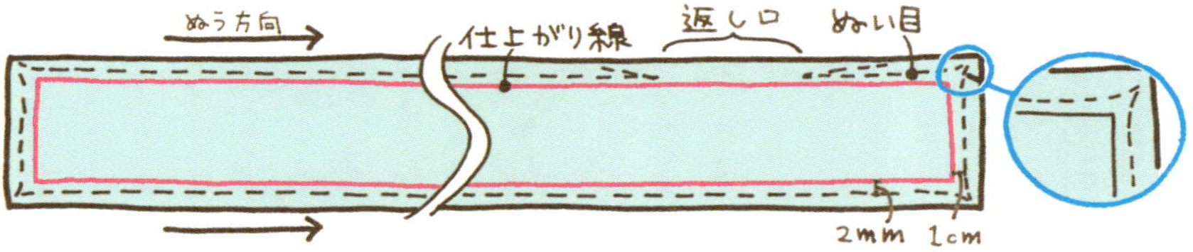

2. ミシンで縫う

二枚の布を重ね、仕上がり線の外側から上下は 2mm 外側、左右は 1cm 外側を縫う。布がよれないように、上下同じ方向で縫う。返し口は、真ん中よりずらし、帯の幅より少しだけ広くあける。角は少し外に出すと、仕上がりがきれいになる。

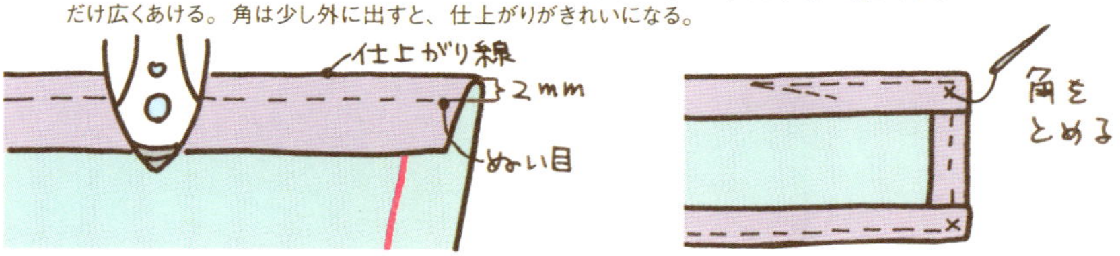

3. アイロンでキセをかける

仕上がり線に合わせて縫い代を折って、四辺すべてアイロンで形を作る。多少縫い目がよろよろしても、ここできれいになる。※キセとは表から縫い目を見えなくする方法。

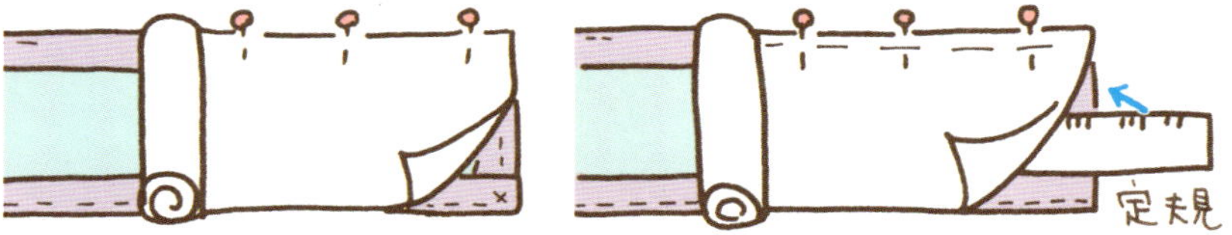

4. 帯芯を縫い付ける

出来上がり寸法に切った帯芯をマチ針でとめる。帯よりも帯芯が長い場合はここで切る。返し口以外の縫い代上面に帯芯をザクザクと3cm 間隔の針目で縫う。縫い代の下に厚紙や定規を入れると、表面まで縫ってしまうこともありません。

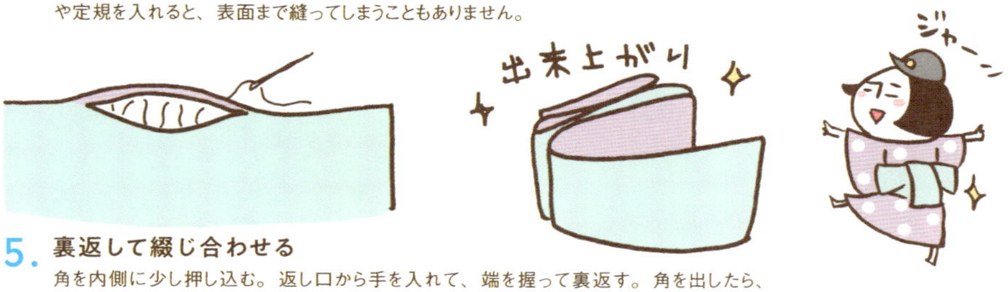

5. 裏返して綴じ合わせる

角を内側に少し押し込む。返し口から手を入れて、端を握って裏返す。角を出したら、返し口の少し内側でかがり縫いをして閉じる。アイロンで整えて出来上がり。

きものを着る前に ～半衿のつけ方～

基本は長襦袢の衿に半衿を縫い付ける。面倒！ 時間がない！ という時は一気にザク縫いや安全ピンを使って見えない箇所はハードルを下げましょう。ただし、安全ピンが向かない生地もあるので、両方知っていると便利です。

長襦袢の名称
背中心
肩山
基本は表、裏から2回縫いますが裏表一気に縫います
どの生地もOK！

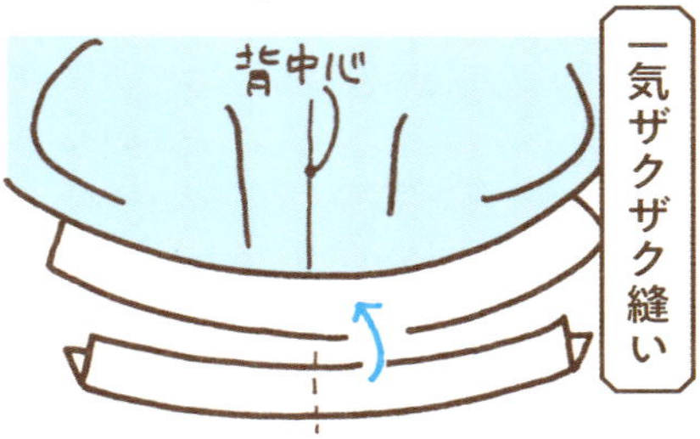

背中心
一気ザクザク縫い

1. 半分に折った半衿の中心と襦袢の背中心を合わせて被せる。

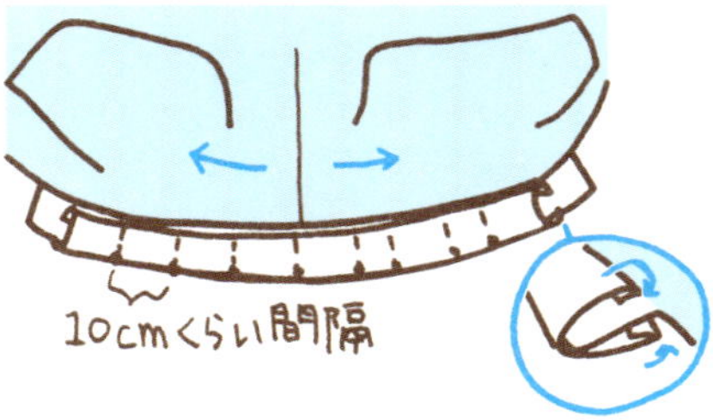

10cmくらい間隔

2. 両端を内側に折り込み、背中心から左右に向かってマチ針を打つ。

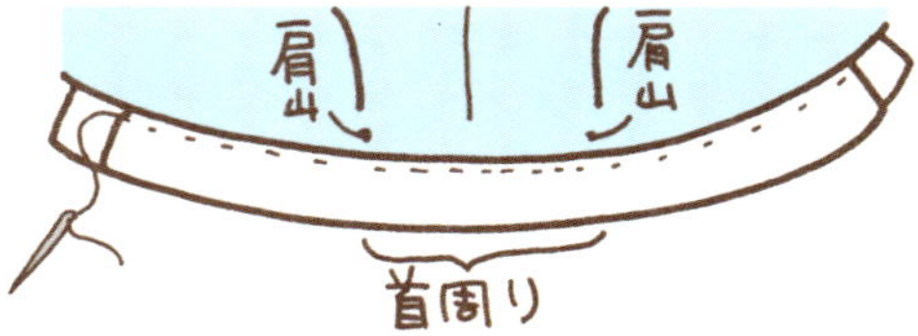

肩山
肩山
首周り

3. 首周りだけは表1cm 裏 0.5cm、他は表 1cm 裏 5cm のしつけ縫いにする。

中心がカーブしている衿芯は衿がきれいに抜きやすい。

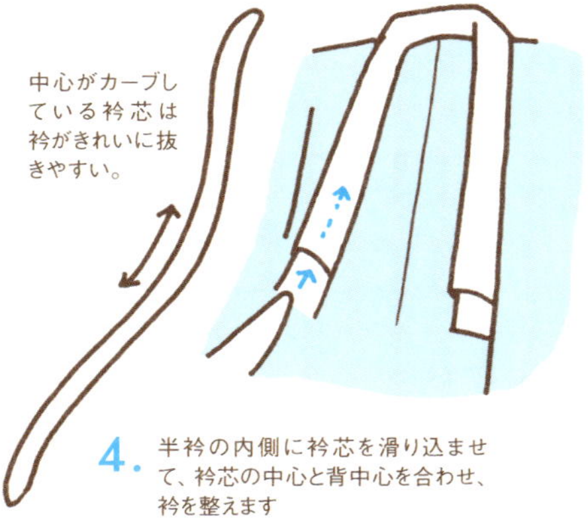

4. 半衿の内側に衿芯を滑り込ませて、衿芯の中心と背中心を合わせ、衿を整えます

ポイント
ココ

肩山、背中心の首周りは後ろから見えるので、ここは手を抜かない。

安全ピンで3分で半衿をつける

2〜3cmの安全ピン11個から。手芸店で売っている安全ピンは刺しやすい。

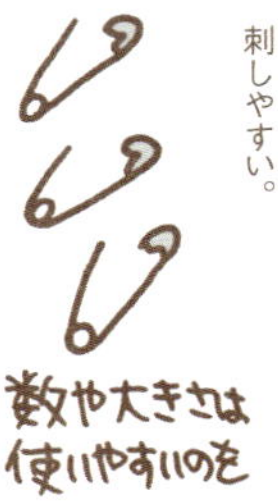
数や大きさは使いやすいのを

半衿は丈夫な布地を。薄い布は向かない。

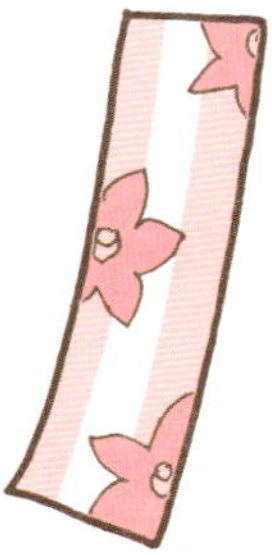

そのままつけてもいいけれど、襦袢にはじめから付いている半衿の上から重ねると更にとめやすい。

更に衿芯を入れるとハリがでてとめやすい

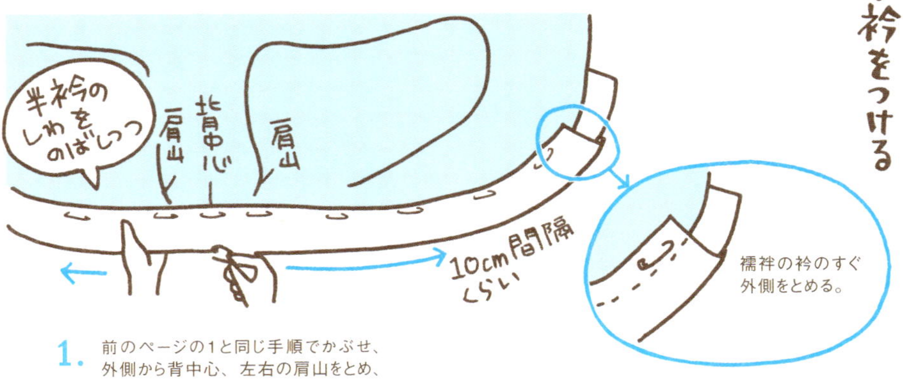
半衿のしわをのばしつつ
肩山
背中心
肩山
10cm間隔くらい
襦袢の衿のすぐ外側をとめる。

1. 前のページの1と同じ手順でかぶせ、外側から背中心、左右の肩山をとめ、衿先に向かって左右同じようにとめる。

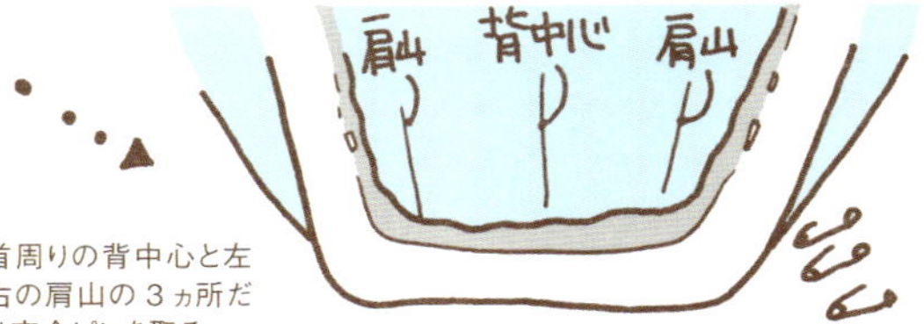
肩山
背中心
肩山

2. 首周りの背中心と左右の肩山の3ヵ所だけ安全ピンを取る。

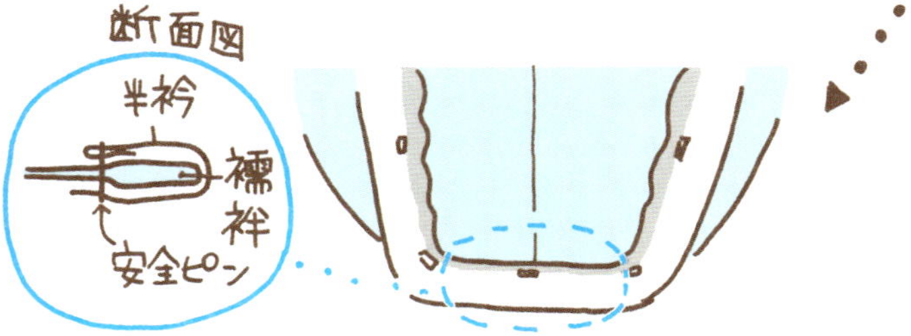
断面図
半衿
襦袢
安全ピン

3. 襦袢の衿からはみ出た半衿を内側だけ折り込み、外側からもう一度同じ場所にとめる。

コツさえつかめば
安ピンでパリッときまる!

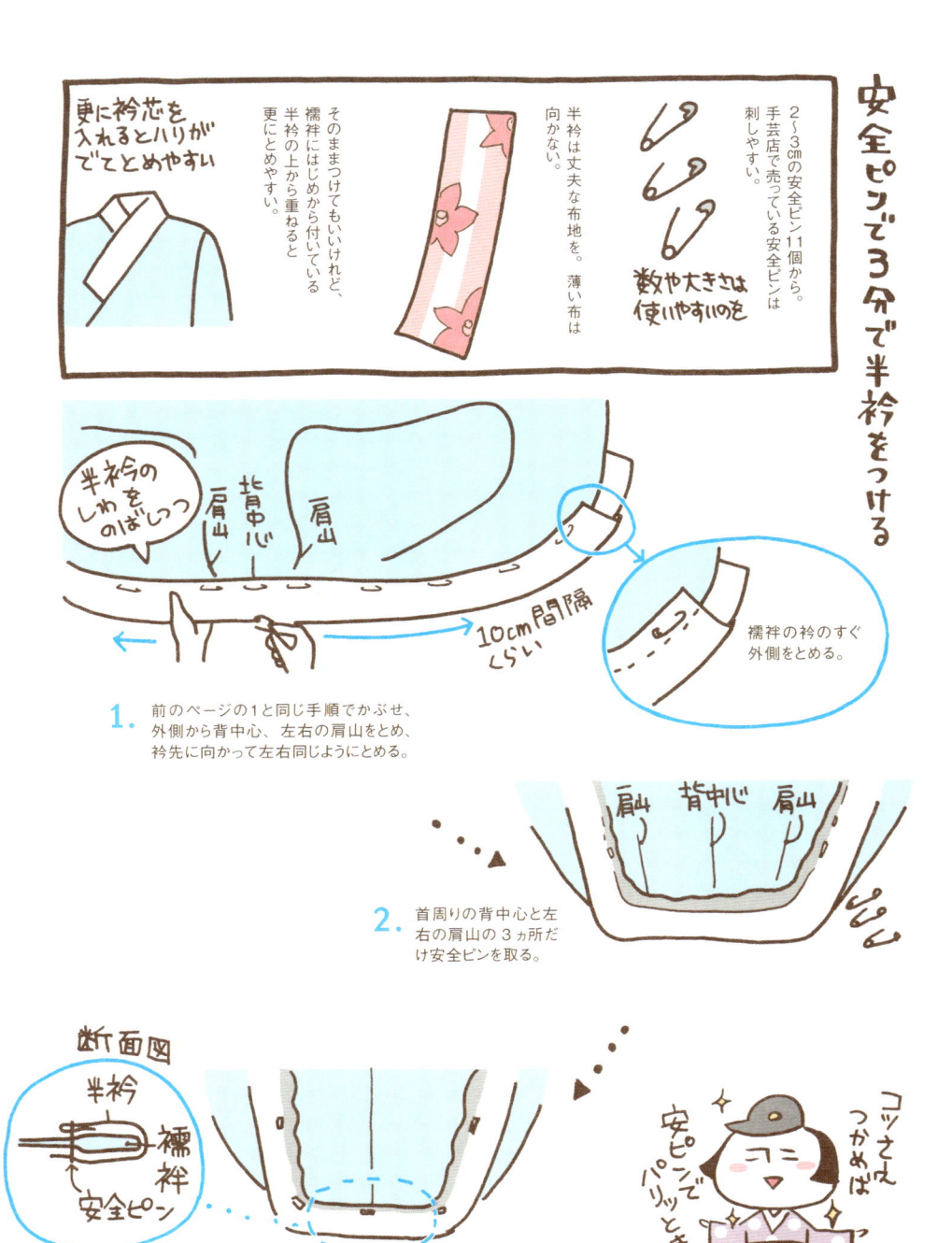

着たあとは？

基本的に、きものはシーズンの終わりにお手入れして仕舞います。木綿、ポリエステル、ウールなどの洗えるきものは自宅で洗濯。その他は専門店でクリーニングしましょう。

汚れをチェック!
あっ
水性の汚れは、きものの下にタオルを敷き、上から濡れたタオルで叩いて下のタオルに移す。
ドン
トン
濡れタオル
きもの
タオル

★油性の汚れや濡れると縮むきものは専門店で

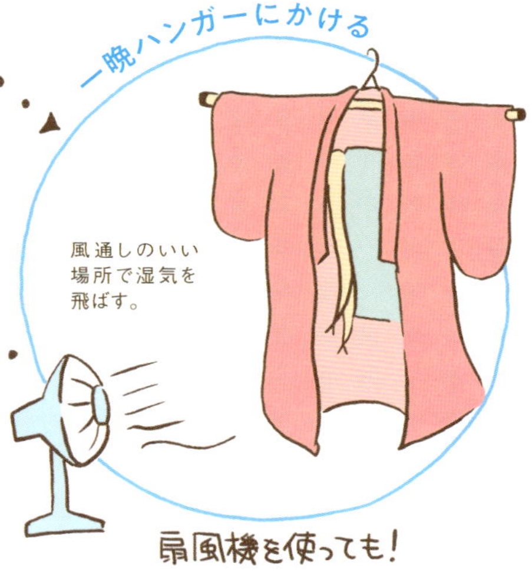
一晩ハンガーにかける
風通しのいい場所で湿気を飛ばす。
扇風機を使っても!

洗う
洗えるきもの、襦袢、足袋、小物などは、畳んでネットに入れてソフト洗いに。
洗剤はおしゃれ着用を使用。

★脱水時間の短いコース

干す
きちんとシワを伸ばして干すと、水の重みでシワになりにくいのでアイロンいらず!
はしをひっぱる
ピシーッと!
畳んだままたたいてシワをのばす!
パンッ
パンッ

シワが気になる人は半乾きの時にアイロンをかける

プシュー

きものの畳み方

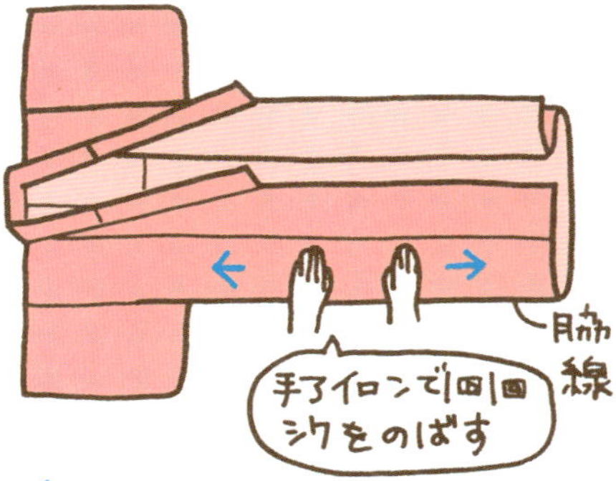
脇線
手アイロンで何回
シワをのばす

1. 衿を左にし、裾を右にして広げ、手前の脇線で折る。

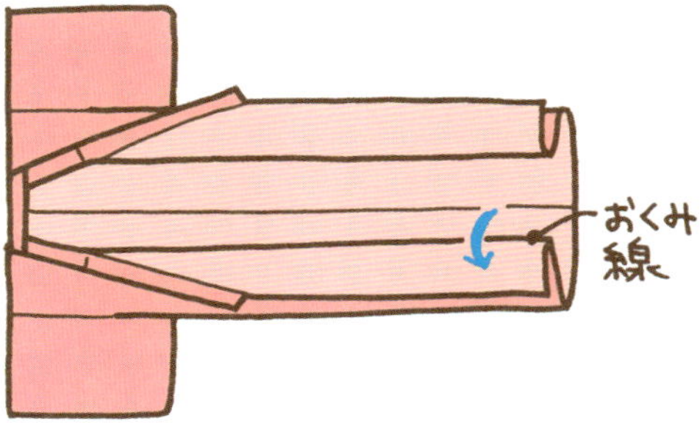
おくみ線

2. おくみ線を手前に折り返し、衿は内側に折り込む。

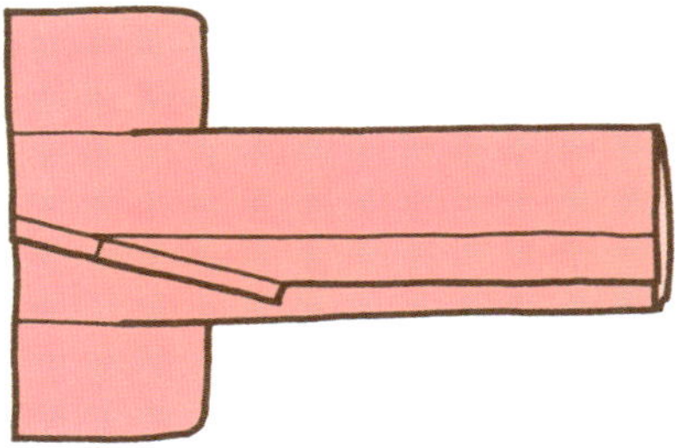

3. 向こう側の端を持ち、手前の裾から衿に重ねる。

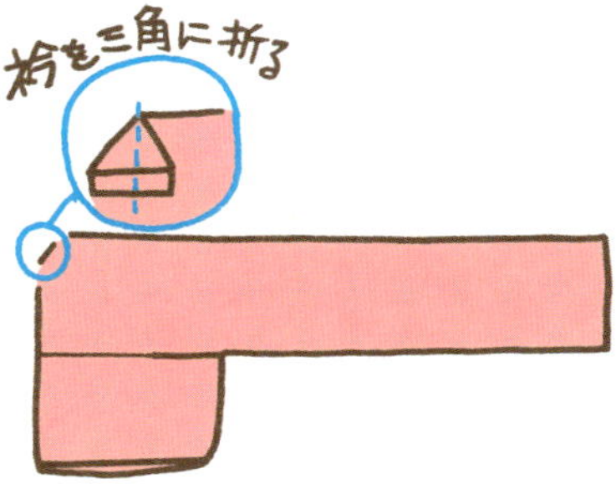
衿を三角に折る

4. 向こう側の脇線を持ち、手前の脇線に重ねて両袖も重ねる。衿は内側に三角に折り込む。

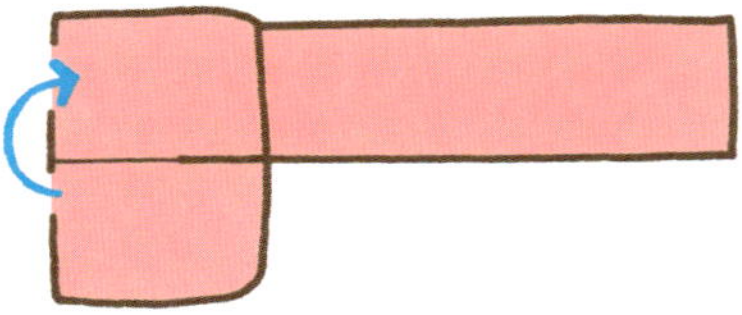

5. 上側の袖を折り返す。

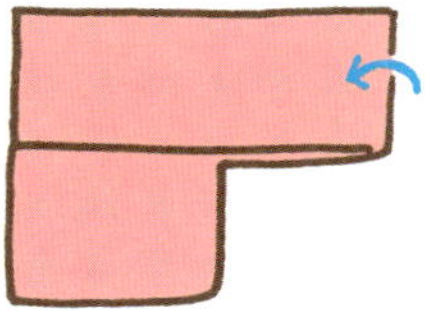

6. 二つ折りにする。収納スペースによっては三つ折りにしても。

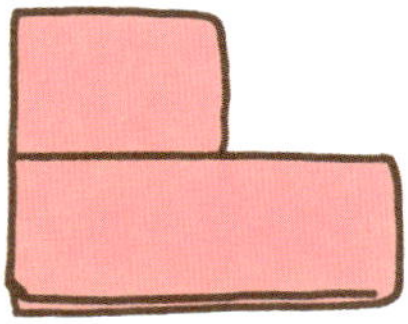

7. 肩山と裾を持って全体を壊さないように裏返す。もう片方の袖を折り返して完成。

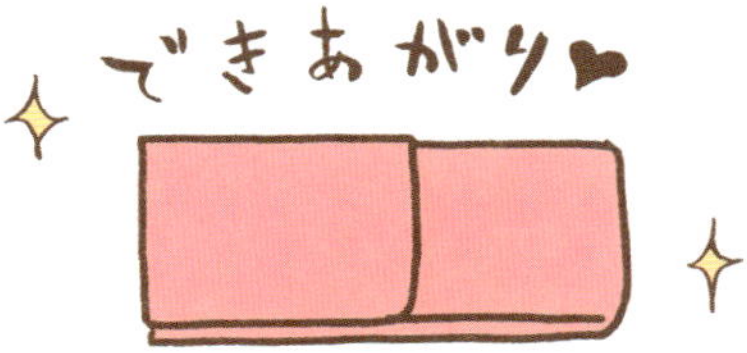
できあがり

防虫剤と一緒に
しまってね

TPO

普段着のきものは、のびのび楽しく。そして結婚式などのフォーマルな席では礼装のきもので。礼装は、ルールや素材、値段も普段着とは違うので、はじめから一式揃えるのは大変。着る機会が少ない人はレンタルが便利です。毎回違うきものが楽しめておすすめですよ。

普段
映画
ショッピング
のみ会に
落語
街探索
などなど
きゃっほい〜
もめん
ウール
ポリ
など
TPO
カジュアルなパーティ
オープニングパーティ
クリスマスパーティなど
うふっ
おしゃれ着で
めかして場をもり上げる！
小紋など
フォーマルな結婚式
パリッと
礼装で
オホホ
最近はステキなレンタルショップも増えた♥
訪問着
振袖
色無地
など

単衣は便利
あちー
地球の気温に合わせて

裏地のない単衣のきものは、6月と9月に着るとされていますが、普段着では暑くなれば5月でもＯＫ！礼装はルール通りが推奨です。

あり？
衿合わせが
逆にならないように
気をつけましょう

単衣でも、普段着用のウールは冬に着ます。木綿のきものは真冬と真夏以外ＯＫです。

きもののしぐさ

袖が長いので洋服の時よりも気をつけましょう。裾も長いので踏まないように。この2点に気をつけているだけで、自然と身のこなしが美しくなるはずです。

食事中、離れたものをいただく時は袖をおさえる

おっ

階段を上る時は上前・下前を持ち裾を上げる

よっ

車に乗る時は腰から入る降りる時は逆に足から降りる

ドアノブに袖や帯を引っかけやすいので気をつける

ひっ！
びりっ
これよくやる…。

きものの立ち居振る舞いをより美しくしたい人は日舞がオススメ！
美しい所作に

☑貴女のきものハマり度check!

①きものの人をつい見てしまう‥
ジ
なんかさむけが‥‥
②好きな布は半衿に見えてくる‥
このスカーフいいですね‥‥
ふふふ
③箸置きやボタンを見ると帯留めにしたくなる‥
ニャリ
どうしたの!?
④きものの収納に本気で困っている
以上全部に当てはまった人は重症だねー
私は大丈夫!
それって全部私のこと‥‥?
あわわ‥

ショップでゆびわを腹に当ててる人
へんな人ー
帯留めにしたい
このサイズ使える!
洋服姿でやると更にヤバイ…。

第五章

ちょっとしたコツや工夫

豆絞り紋様

お行儀よく小さく並んだ水玉紋様は
手ぬぐいの定番柄としておなじみです。
さらに小さくなった
江戸小紋の「通し紋様」なども有名。

◆補正　体型に合わせた補正で着くずれ対策◆

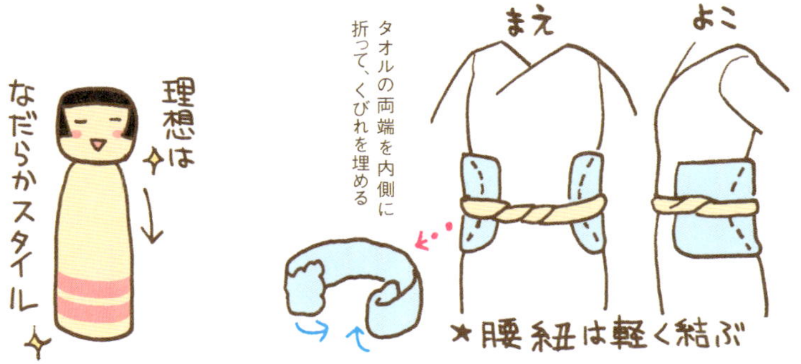

理想は
なだらかスタイル
タオルの両端を内側に折って、くびれを埋める
まえ
よこ
★腰紐は軽く結ぶ

ウエストが細い

タオルで巻いてくびれを埋め、腰紐で固定する。

私は薄着の時期に多めに補正します♥
冬は、きものの下に山ほど着込むのでそれがくびれを埋めてくれるから…
よこ
和装ブラ
★ウエスト全体が細い人も
ぐるっと全体にタオルを巻く

胸が大きい

和装ブラで整えて胸の下にタオルを巻き、胸と胴の段差を埋める。

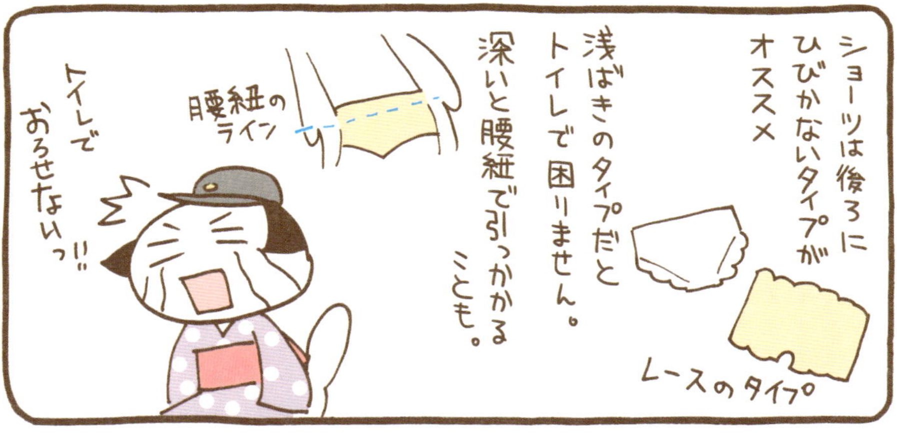

ショーツは後ろにひびかないタイプがオススメ
浅ばきのタイプだとトイレで困りません。
深いと腰紐で引っかかることも。
腰紐のライン
トイレでおろせないいっ!!
レースのタイプ

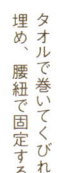

◆二部式 長襦袢を着る◆

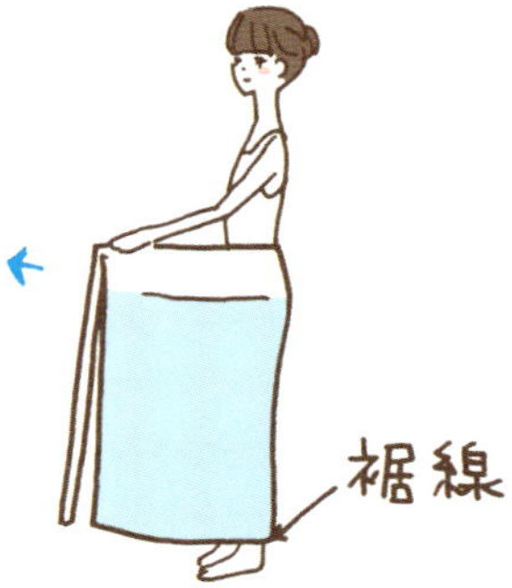
裾線

1. 両手で裾よけの両端を揃えて持ち、足袋の上端にかかるくらいで裾線を決める。

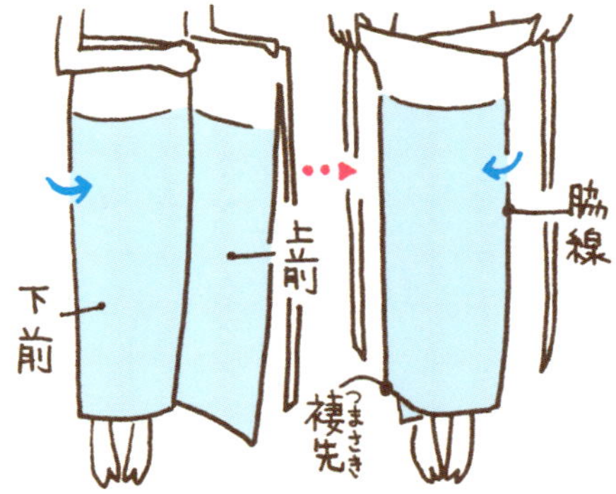
下前
上前
脇線
褄先《つまさき》

2. 下前を巻きつけ、上前は右脇線が体の真横に来るように巻き、少し褄先を引き上げる。

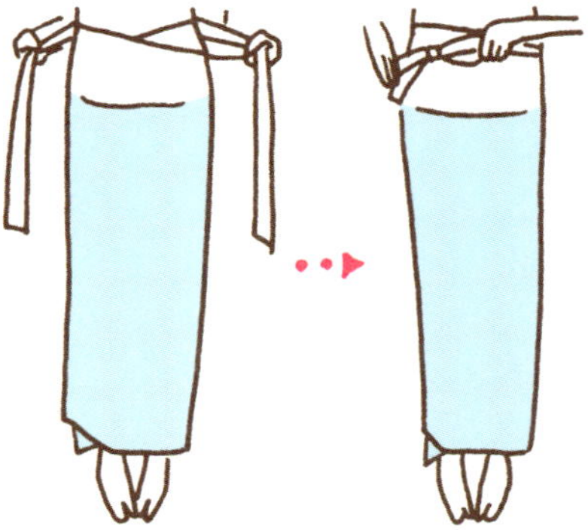

3. 紐を後ろで交差し前へ持っていく。中央よりずらして片蝶結びをし、余りを紐に巻き込む。

衣紋はこぶし1つ分

4. 半襦袢を羽織り、左右の衿先を合わせ持ち、もう片方の手で背中心を引いて衣紋を抜く。

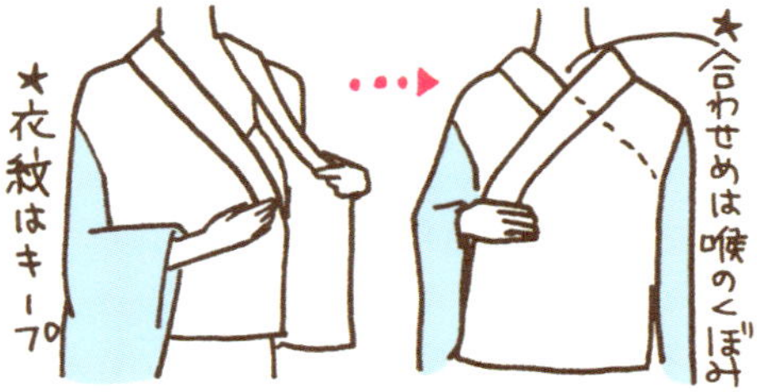
★衣紋はキープ
★合わせめは喉のくぼみ

5. 胸を包み込むように衿を合わせる。衿の合わせが体の中心に来るように。

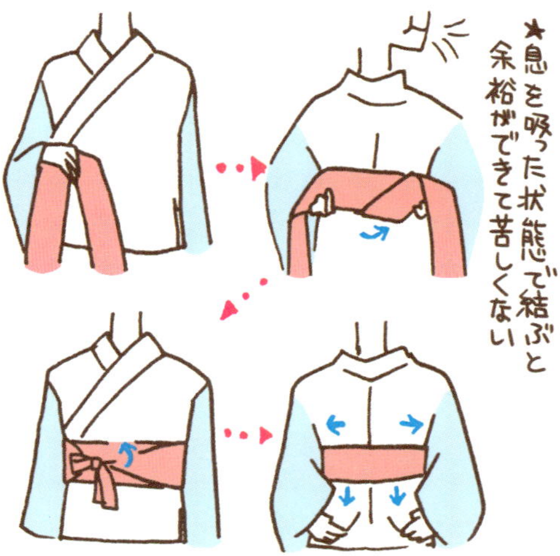
★息を吸った状態で結ぶと余裕ができて苦しくない

6. 右から伊達締めを巻き、後ろで交差し下になった方を折り上げる。片蝶結びをして余りを伊達締めの中に入れ込み、背中のシワを取る。

◆きものを着る◆

1. 裾線を決める

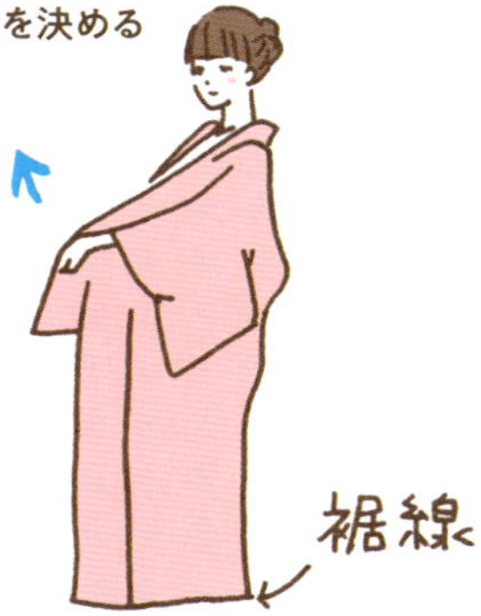

裾線

きものを羽織り、両手で衿を持ち、床すれすれのところで裾線を決める。

2. 上前の幅を決める

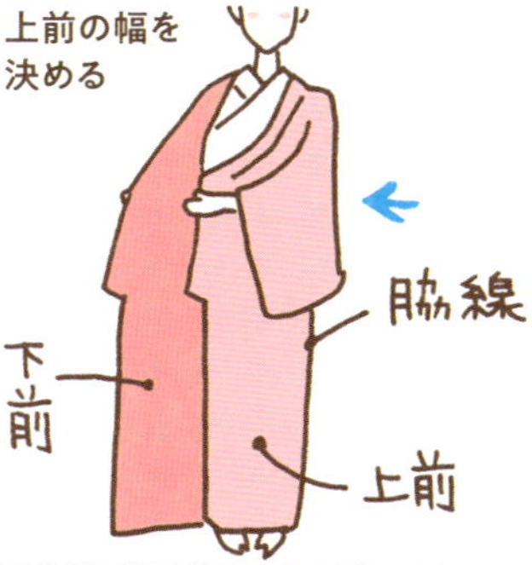

脇線
下前
上前

きものの脇線が体の真横に来るようにする。

3. 下前を合わせる

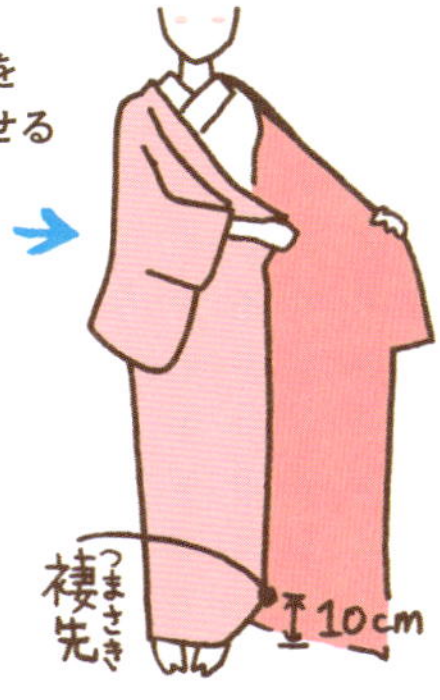

褄先《つまさき》
10cm

決めた上前の幅をキープしながら広げ、下前を合わせ、褄先を10cmほど引き上げる。

4. 上前を合わせる

5cm

上前を重ね、褄先を5cmほど引き上げる。右手で上前を押さえる。腰紐の中心を持ち、右脇に当てる。

5. 腰紐を結ぶ

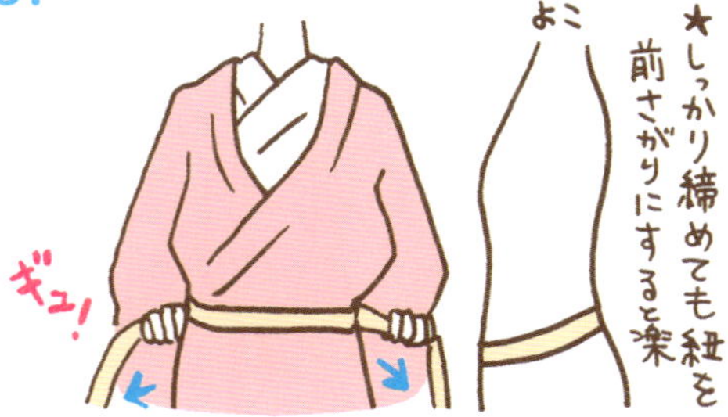

ギュ!
よこ
★しっかり締めても紐を前さがりにすると楽

腰紐を後ろに回し、交差してギュッと締め、前に回して、中心よりずらして片蝶結びをする。余りは腰紐に巻き込む。

6. おはしょりを整える

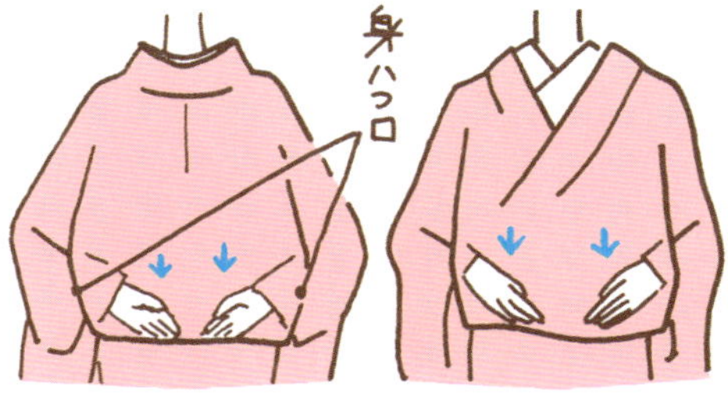

身八つ口

身八つ口から両手を入れて、前と後ろのおはしょりのシワを伸ばして整える。

7. 背中心と衿を整える

掛け衿

掛け衿の左右の高さを揃え、背中心を決める。

8. おはしょりの中を整える

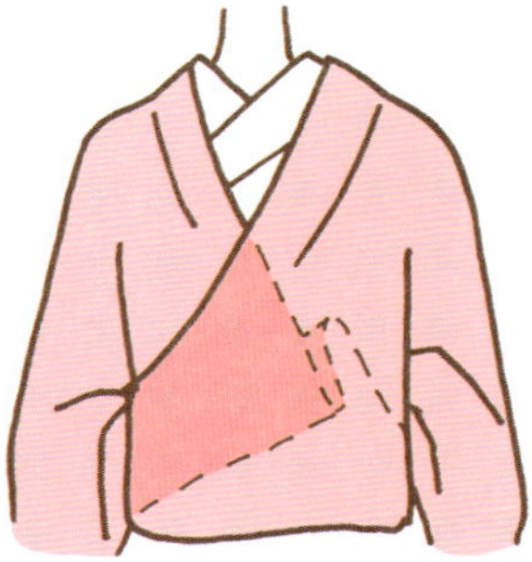

身八つ口から手を入れ、中にある下前のおはしょりを内側に折り上げる。

9. 下前の衿をとめる

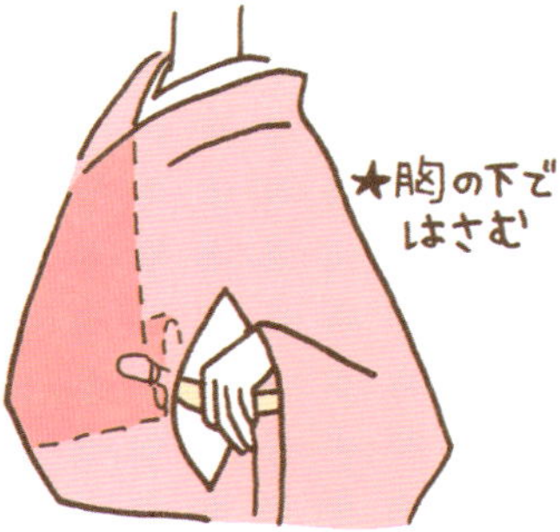
★胸の下ではさむ

襦袢の衿に沿って下前の衿を重ねる。左の身八つ口からコーリンベルトを入れ、下前の衿を挟む。

10. 上前の衿をとめる

★ベルトは、ゆとりのある長さに

コーリンベルトを後ろから右脇に回し、同じように重ねた上前の衿を挟む。

11. 背中のシワをとり、衣紋と衿を整える

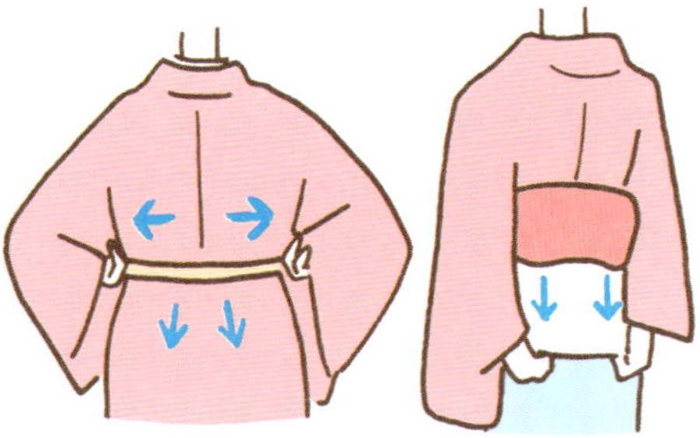

背中のシワを取る。きものをめくり、襦袢の後ろを引き、衿と衣紋を整える。

できあがり♥
紐類は胸元はゆったり
腰周りはしっかり
★ゴムベルト付きの帯板は帯を結ぶ前につける
楽にきれいに着るコツ♥

◆着方のポイント◆

衣紋が戻ってしまう人には「衣紋抜き」がオススメ！

300円
くらい

襦袢の衿の付け根に縫い付ける。はじめから付いている襦袢もある。

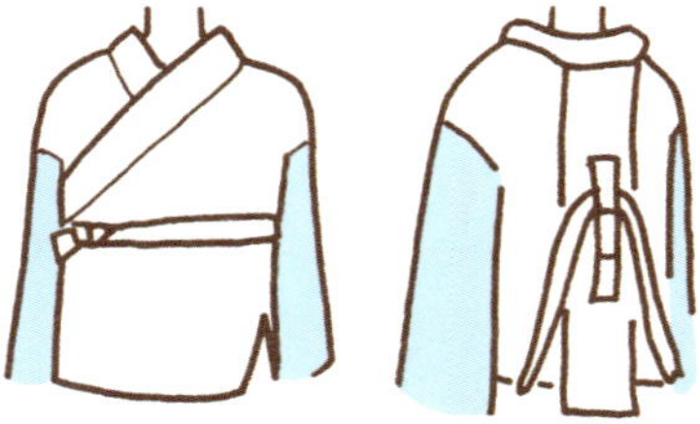

着る前に穴に紐を通しておいて、前で結ぶ

紐は腰紐の半分の長さのものを使う。巻きつけも一回なので着心地も着る時も楽になる。

衣紋が詰まってきたら

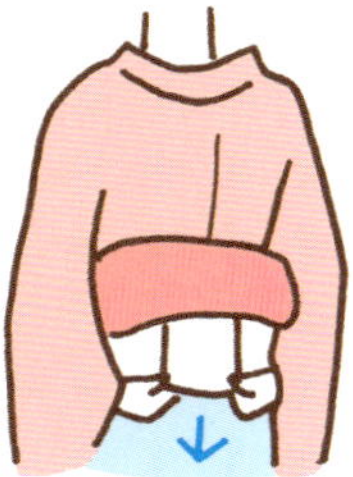

きものをめくって衣紋抜きを引っ張る。

私はストレッチ性のある柔らかい紐を使ってます
らくー
美容衿についてたナイロン製の紐

半衿をたくさん見せたい時は

襦袢の衿を胸の上に深く被せる

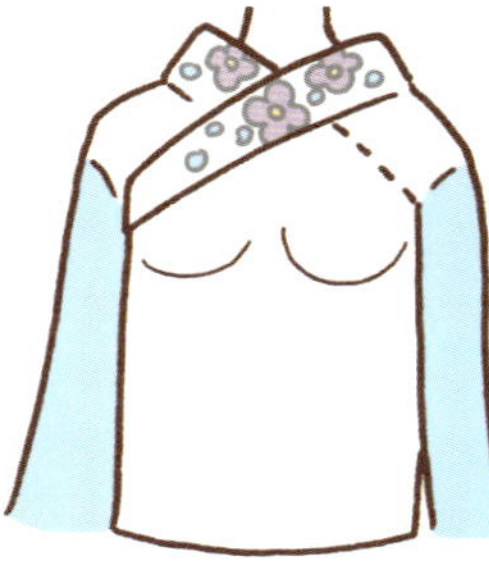

たくさん半衿が見えるようにきものの衿を浅く合わせる

刺繍や柄の半衿がきれいに見えます。

おはしょりが短いor長い時

短い場合

腰紐の位置をいつもより下げる

ゴムベルトや細いものを使うともたつきにくい。

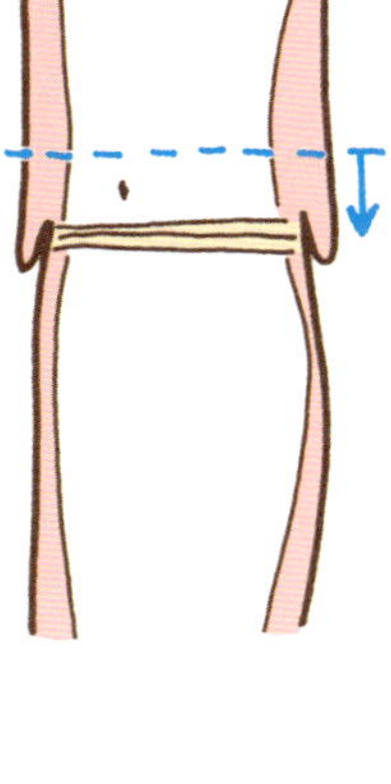

長い場合

腰紐の位置を上げる

それでも余る時はおはしょり全体を上に持ち上げ、胸にかぶせて紐で結ぶ。

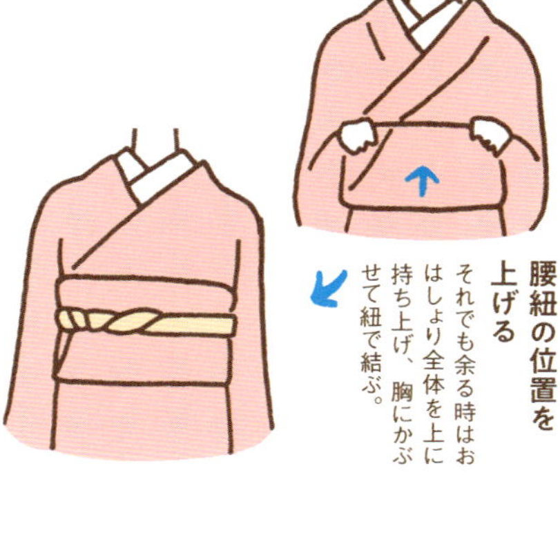

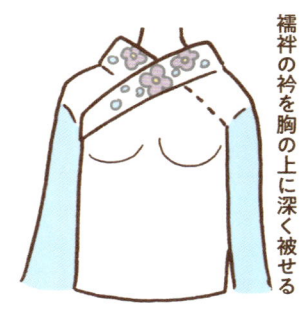

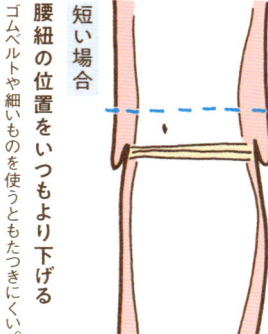

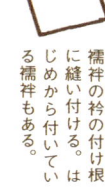

◆帯結びいろいろ◆

カルタ結び（半幅帯）

簡単でスッキリとした結び方。平面的な結び方なので、長時間座る場合も大丈夫。

キリッと✧
映画もらくー

帯締め、帯揚げをするとほどけにくくなり、きちんと感&おしゃれ度もＵＰ！

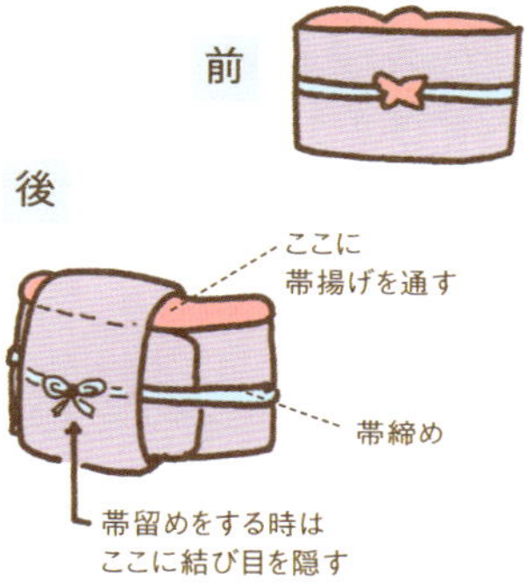

前
後
ここに帯揚げを通す
帯締め
帯留めをする時はここに結び目を隠す

角出し風（半幅帯）

ボリュームがあるので、小尻効果がある結び方。

ひらひらとしてキュート✧
帯締め帯揚げをプラスしてもOK！

最後のところでタレを内巻きにすると、また違った雰囲気に。

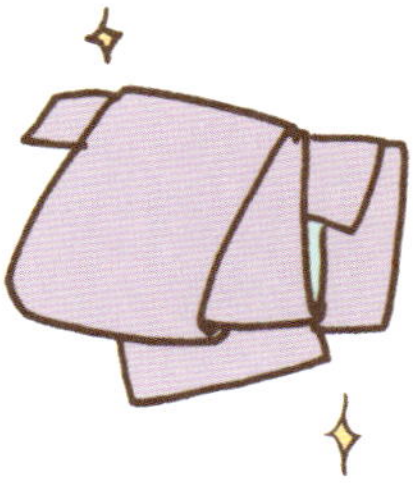

お太鼓結び（名古屋帯）

帯全体に柄があると柄出しが簡単になる。

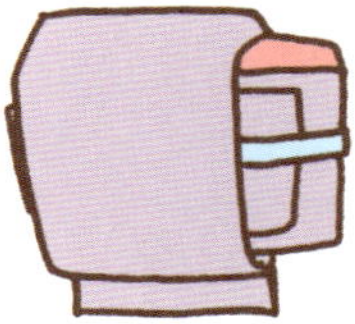

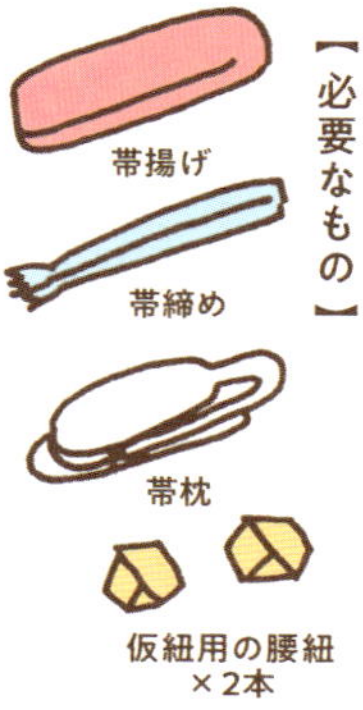

【必要なもの】
帯揚げ
帯締め
帯枕
仮紐用の腰紐
×2本

ささっと結べる簡単・便利な作り帯もオススメ！

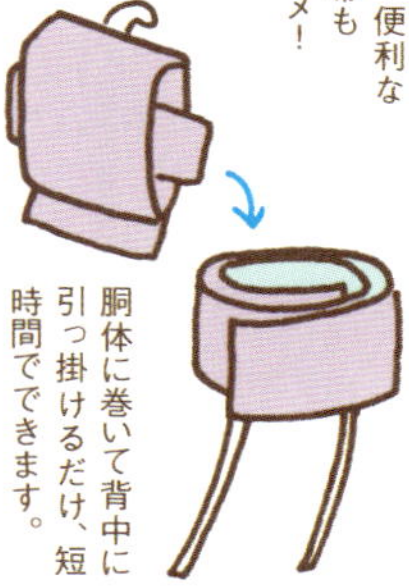

胴体に巻いて背中に引っ掛けるだけ、短時間でできます。

毎日きものを着ている人もよく使ってます

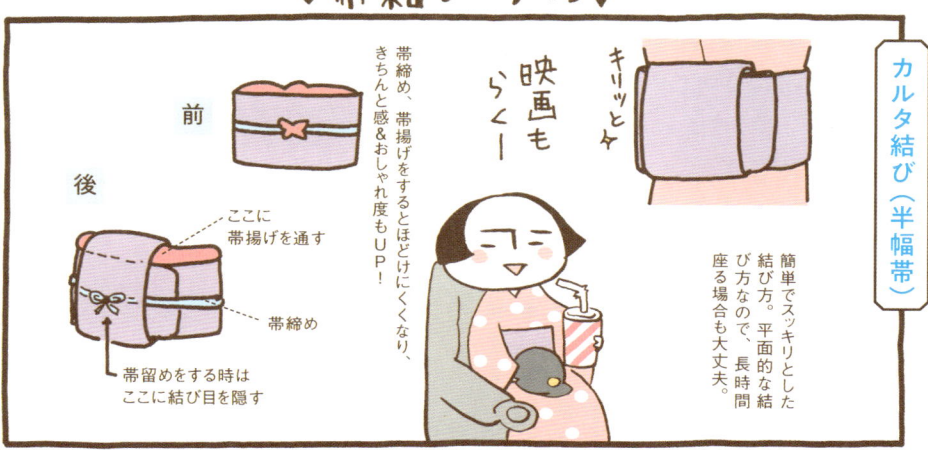

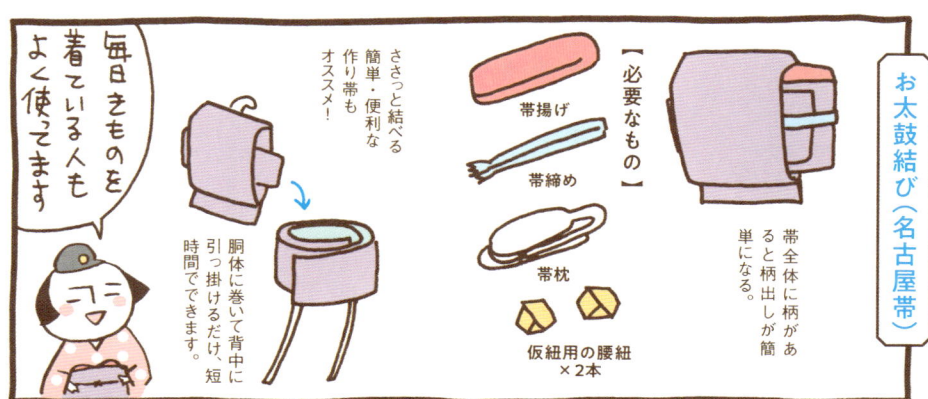

◆カルタ結び◆

1.

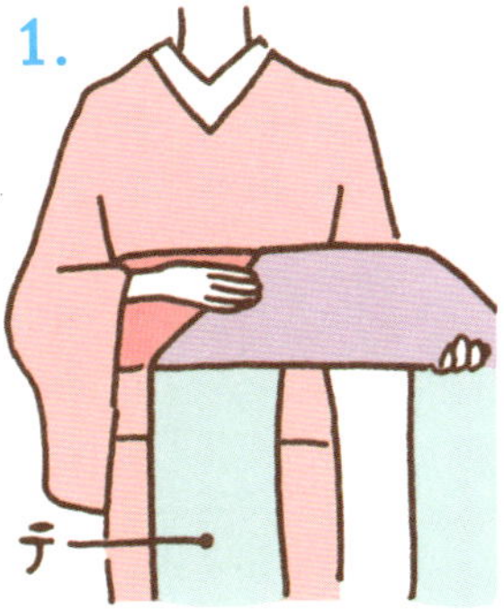

テを75cmくらい取り、三角に折って下に垂らす。

2.

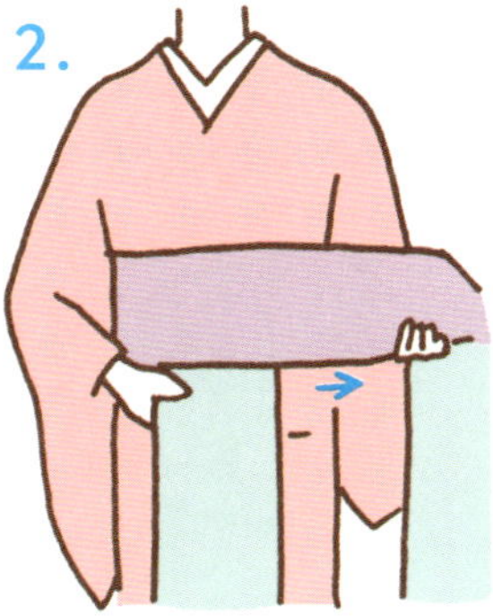

帯の下を持ち、緩まないように2回巻き、キュッと締める。

3.

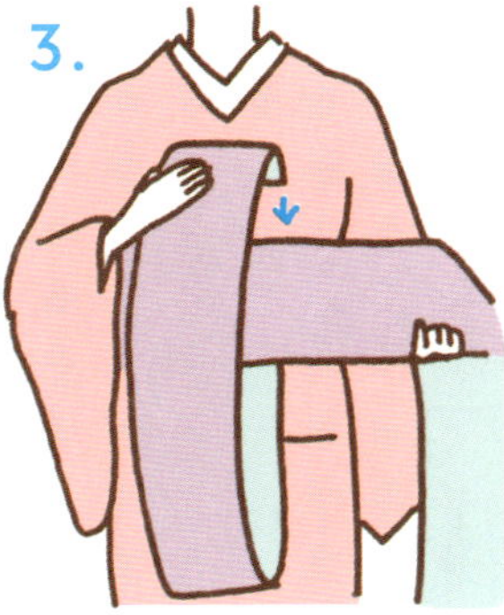

テを持ち上げ、上から帯の一番内側に通す。

4.

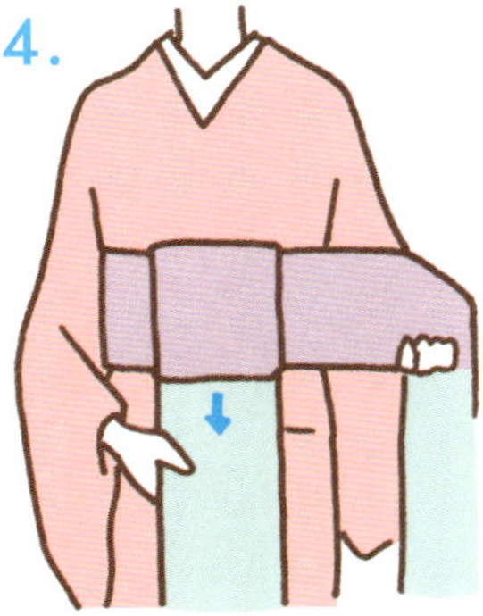

テを帯の下から引っ張り出して、下に垂らす。

5.

タレをウエストの幅くらいとって、折り畳む。

6.

畳んだタレを帯の中央に重ねる。

7.

垂らしたテを持ち上げ、再び帯の一番内側に通す。

8.

テを帯の下から引っ張り出し、余りは折って下から帯の一番内側に入れ込む。

9.

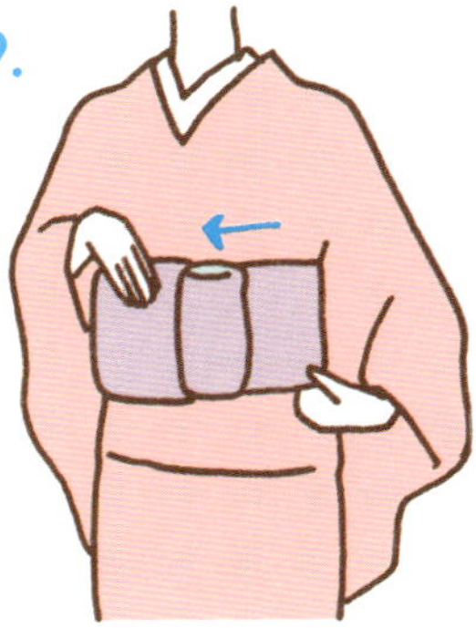

畳んだ部分の上を右手で持ち、左手で巻いた帯の下を持ち、右に回す。

◆角出し風結び◆

1.

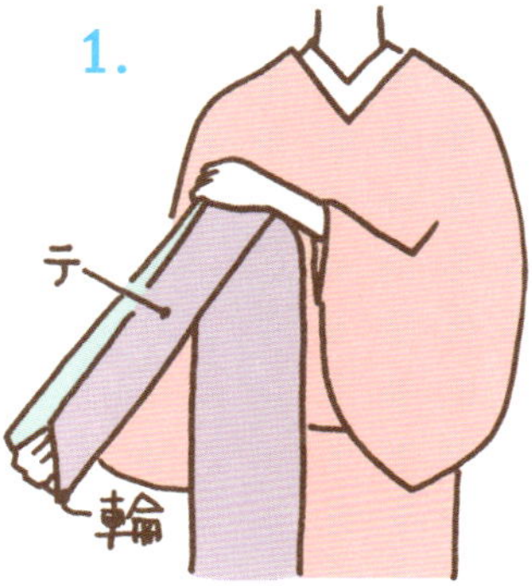

テを腕の長さよりも少し短めに取り、輪が下になるように半分に折る。

2.

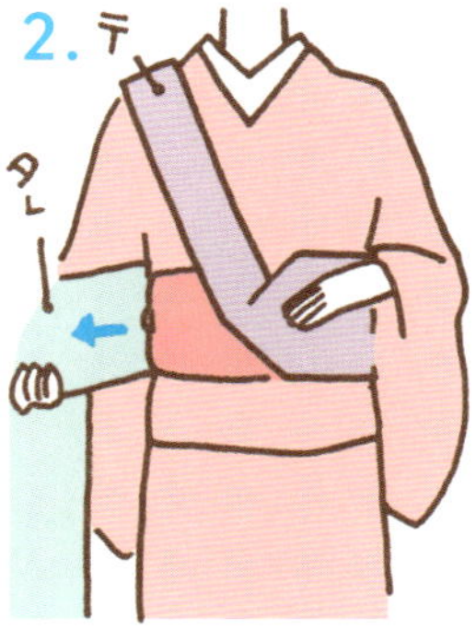

帯の下を持ち、緩まないように2回巻き、キュッと締める。

3.

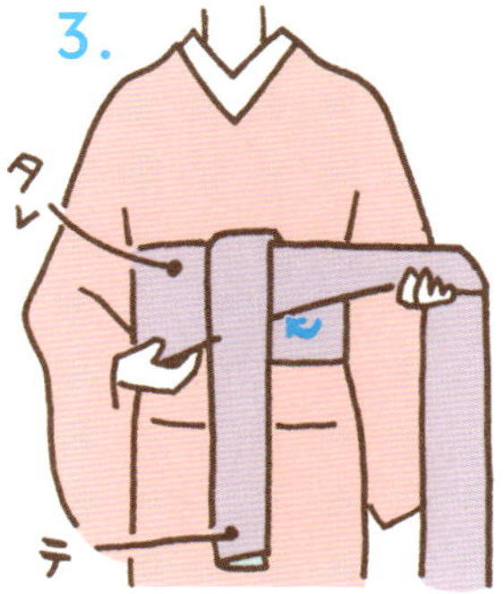

右脇からタレを三角にして半分に折り、タレの上からテを重ねる。

4.

テをタレの下にくぐらせ、結び目が縦になるようにギュッと結ぶ。

5.

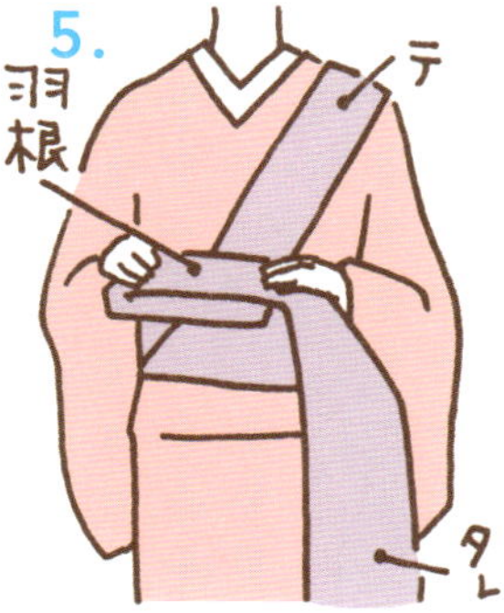

テは左肩に預け、タレを半分の幅に折り、右側で20cmくらいの羽根を作る。

6.

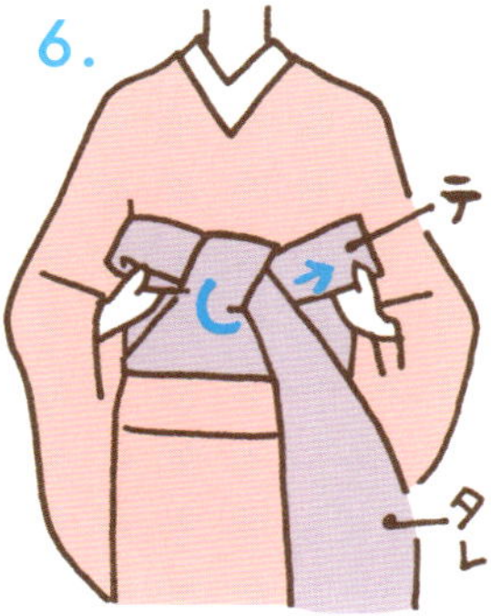

テを羽根に重ね、羽の下くぐらせ、テと羽根をギュッと結ぶ。

7.

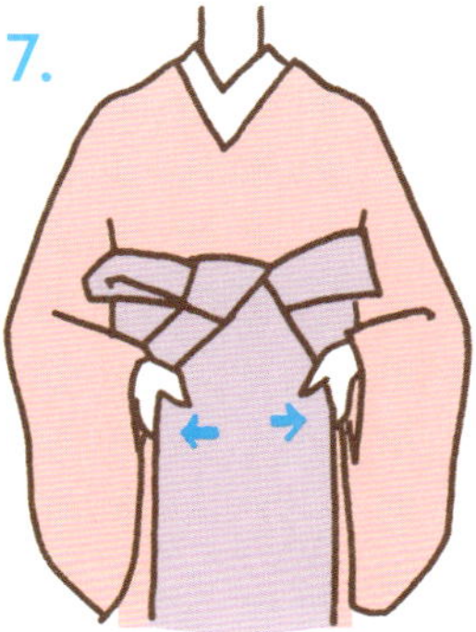

結び目からタレを広げて、シワを伸ばす。

8.

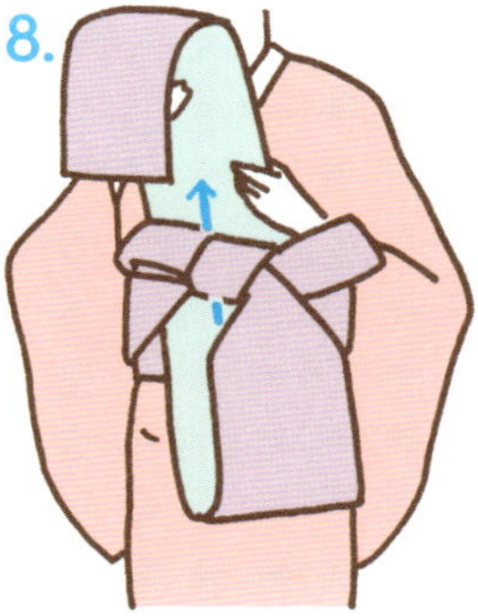

タレを結び目の下にくぐらせて引き上げ、もう一度くぐらせる。

9.

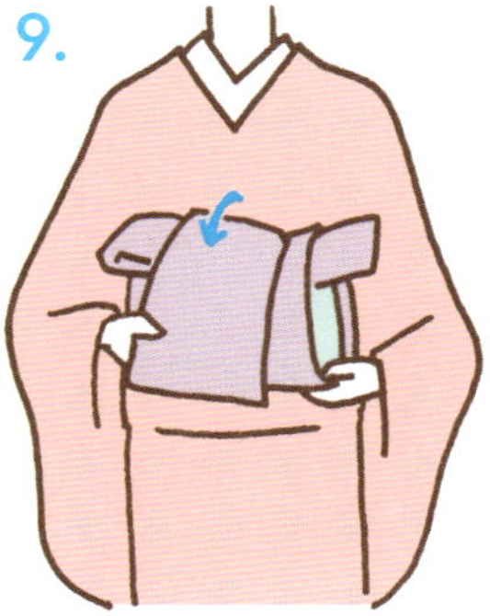

残りのタレをかぶせ、タレのバランスを調整し、右に回す。

◆お太鼓結び◆

準備

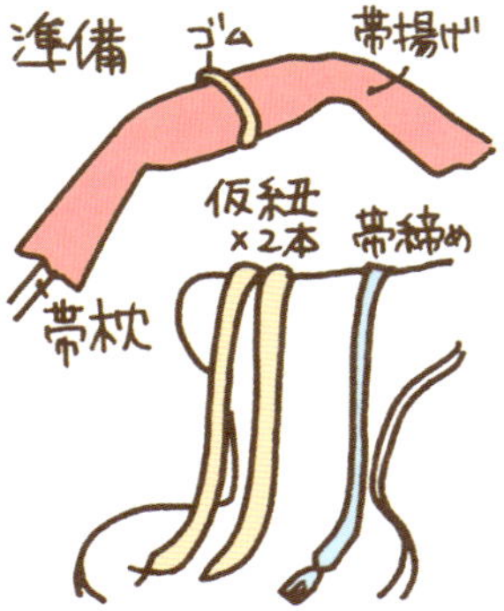

帯枕に中心を合わせて帯揚げをかぶせ、ゴムでとめる。紐類は手が届くところにかけておく。

1.

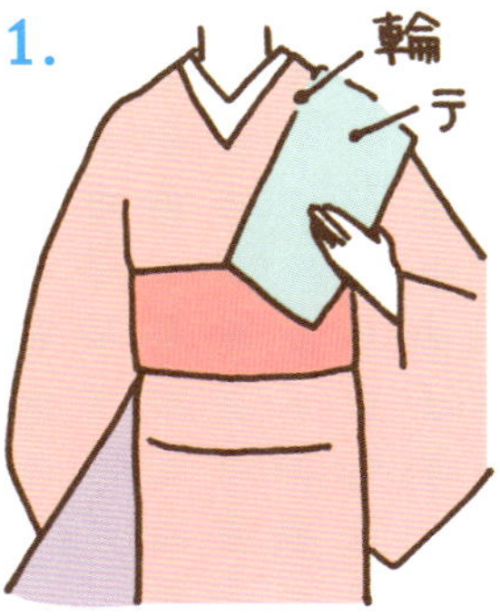

帯の輪を上にして、左肩にかける。テは帯板にかかる長さで決める。

2.

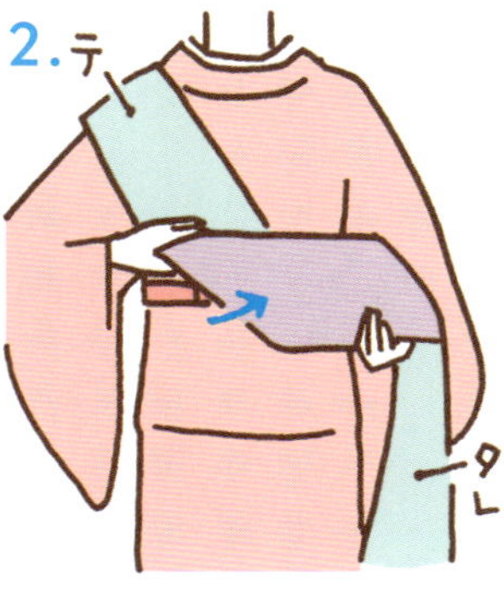

左手で帯の上線を押さえたまま右手でテを三角に折り上げる。

3.

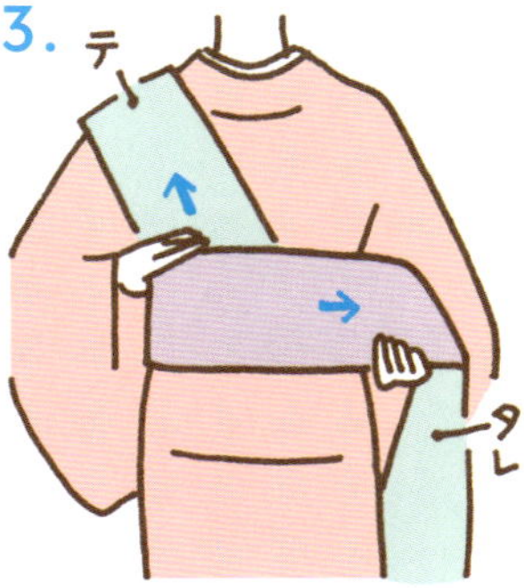

帯の下を持ち、タレを２回巻き、帯の下側をぎゅっと締める。

4.

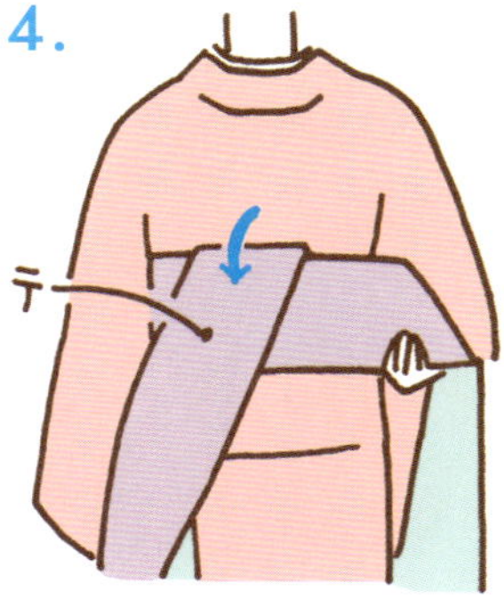

テをタレの上に重ねる。

5.

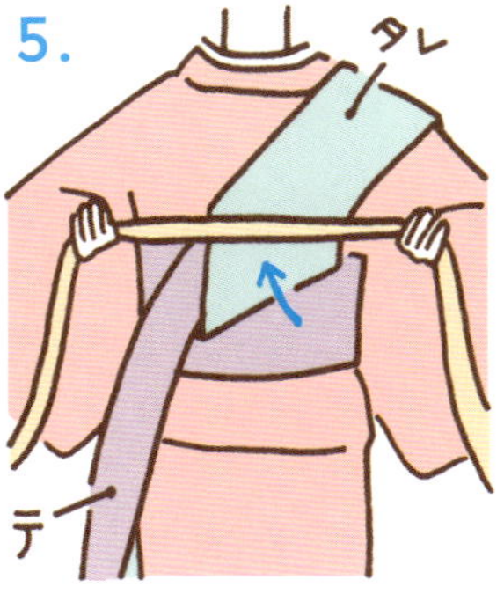

タレを折り上げて肩に掛ける。帯の上の位置で仮紐を結ぶ。

6.

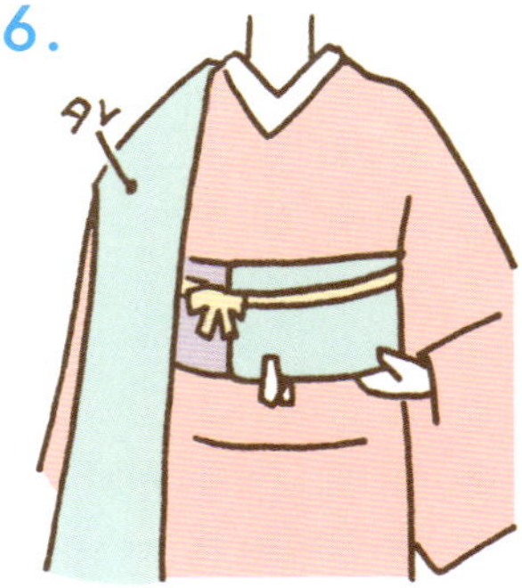

テを帯の前に回し、クリップで帯に仮留めする。

7.

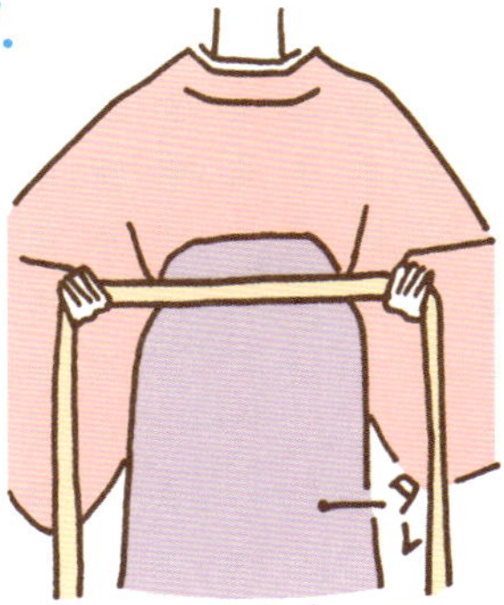

タレを後ろにおろして広げる。その上に仮紐をのせて前で結ぶ。

8.

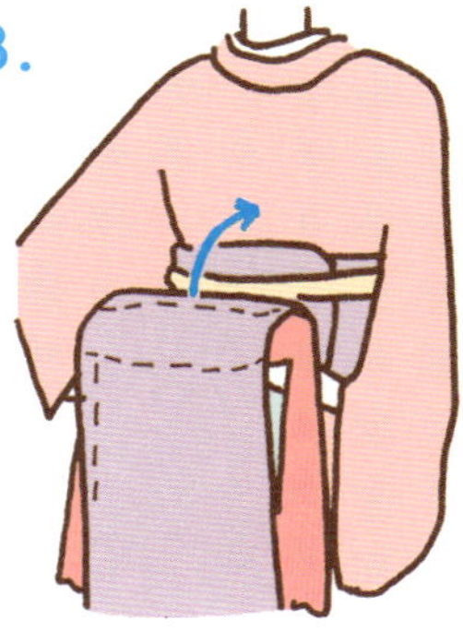

タレの下に帯枕を入れ、帯の折り目の一番上にのせる。

9.

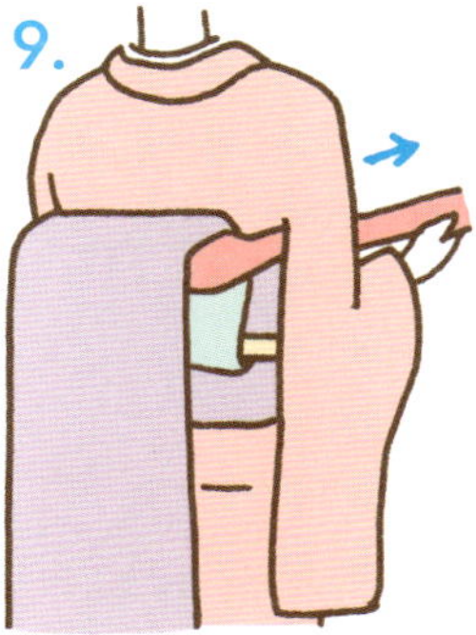

帯枕の紐を前に引き、帯枕の平らな部分を背中にしっかりとくっつける。

10.

帯枕の紐を中心からずらして片蝶結びにし、帯の中に深く入れ込む。7で結んだ仮紐をはずす。

11.

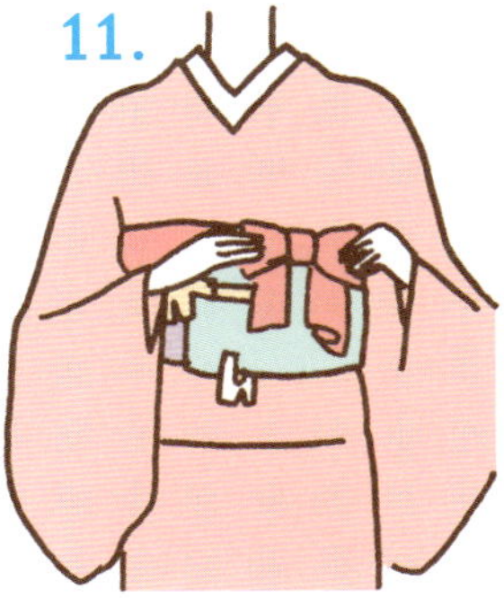

帯枕にかぶせておいた帯揚げを前で仮結びする。

12.

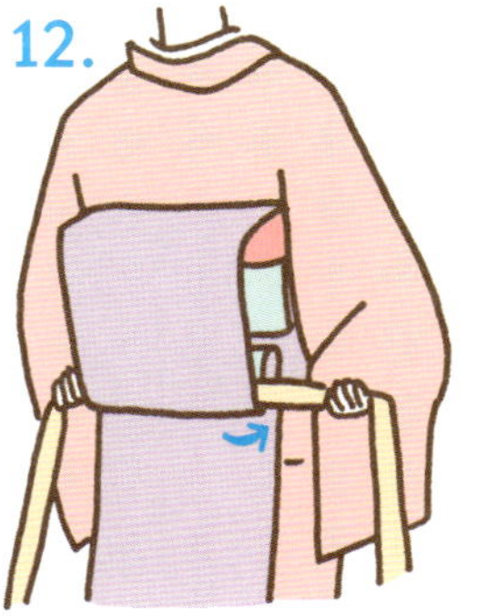

タレの下に仮紐を入れ、帯の下線に当てる。そこを軸にタレを内側に折り上げる。

13.

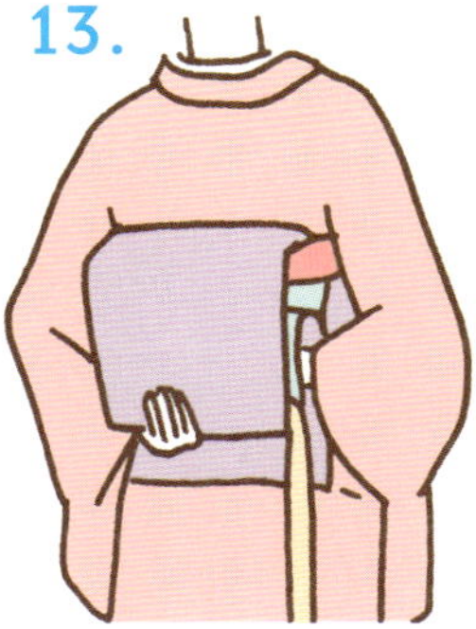

左手で仮紐とタレを持ち、右手でタレの余りを内側に折り上げる。

14.

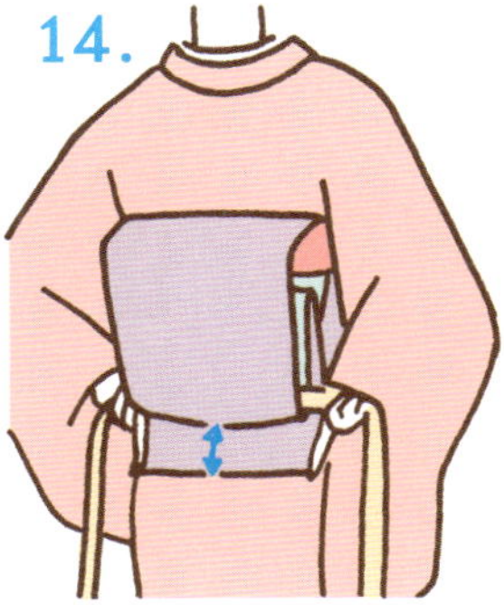

タレ先を人差し指一本分ほどの長さで決め、仮紐を前で結ぶ。

15.

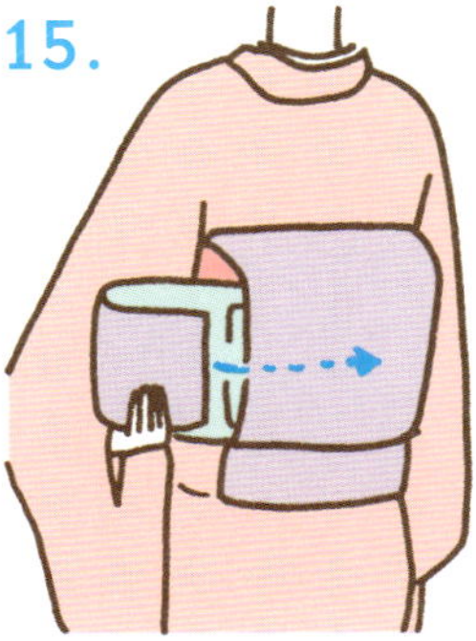

前で仮留めしていたテを、左からお太鼓の一番外側に通す。

16.

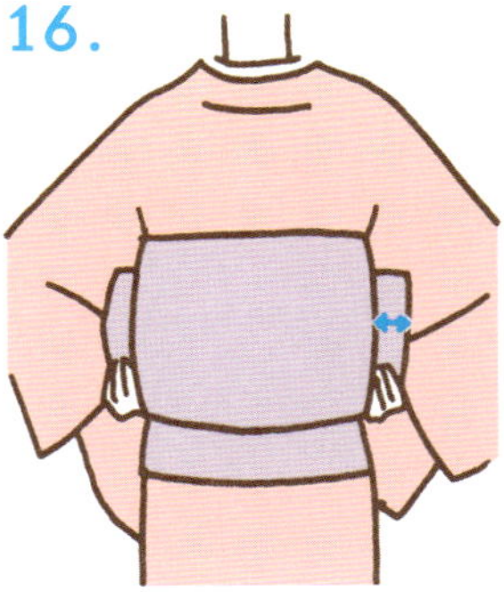

テ先を右側に3cmほど出し、余りは左側に折り込む。

17.

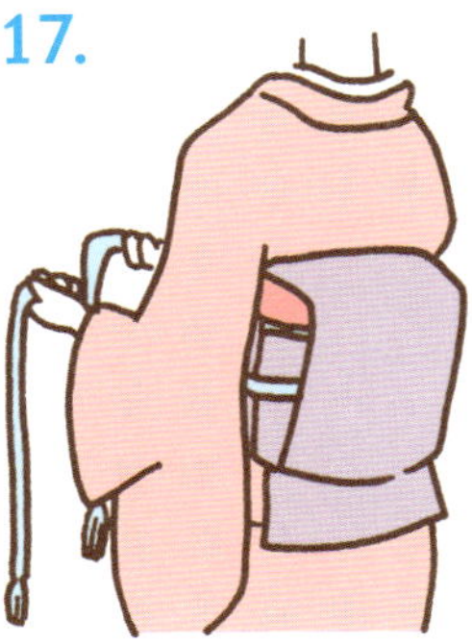

お太鼓の中に帯締めを通して結ぶ。仮紐を2本ともはずし、帯揚げをきれいに結び直す。

◆帯揚げの結び方◆

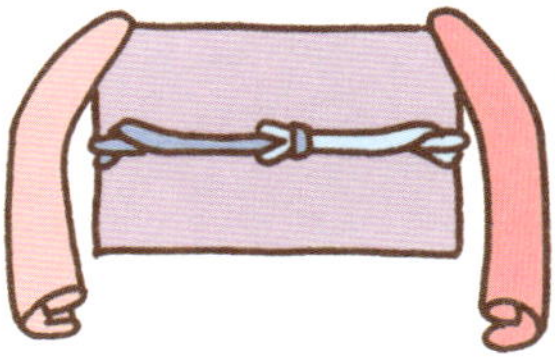

1.

帯揚げを脇から広げ、輪が下になるように四つ折りにする。

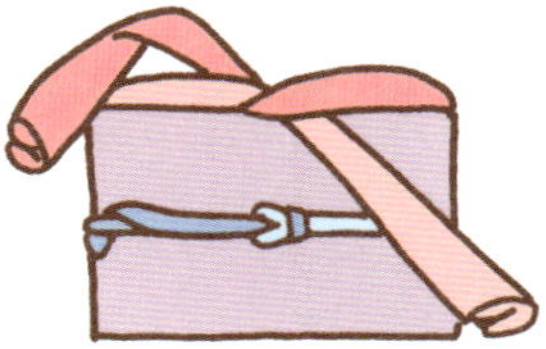

2.

左を上にして、右の下からくぐらせてひと結びし、結び目を縦にする。

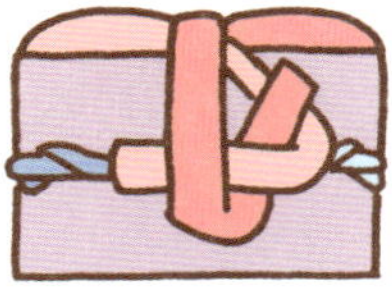

3.

下の帯揚げで輪を作り、上の帯揚げを通す。

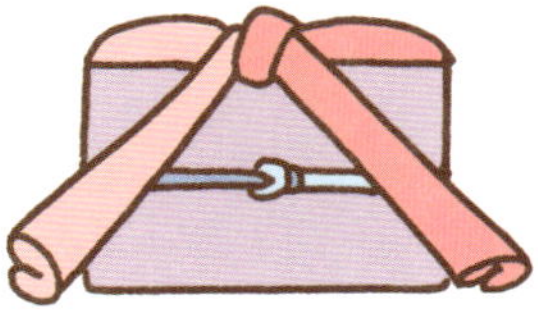

4.

上の帯揚げを軸にし、右と左を同時にゆっくりと引いて軽く締める。

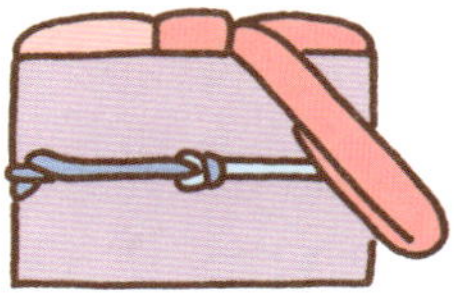

5.

帯揚げの余った部分はかさばらないように折り、帯の一番下に入れ込み、左右に流す。

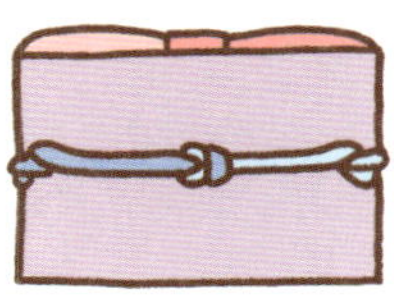

6.

結び目の中心を帯の中に押し入れ、好みのバランスにする。

◆帯締めの結び方◆

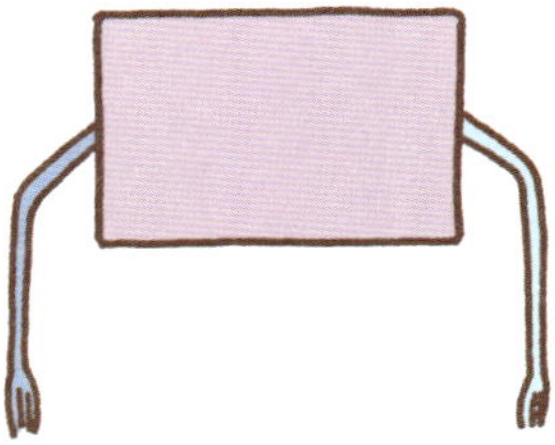

1.

帯締めの長さを左右で揃える。

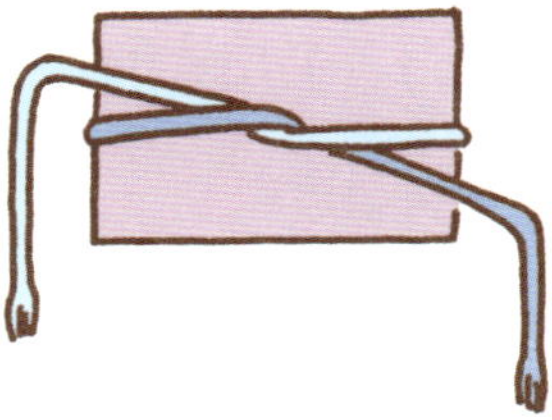

2.

左を上にして交差させ、ひと結びする。

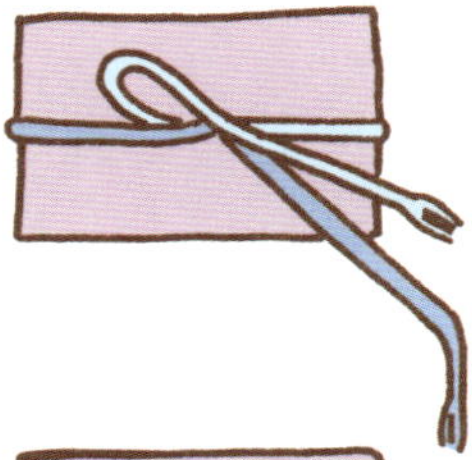

3.

上になっている帯締めで輪を作る。

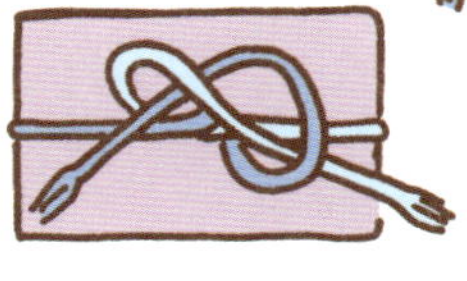

4.

下になっている帯締めを折り上げ、輪の中に通す。

5.

緩まないように結び目の中心を押さえ、左右を引き、しっかりと締める。

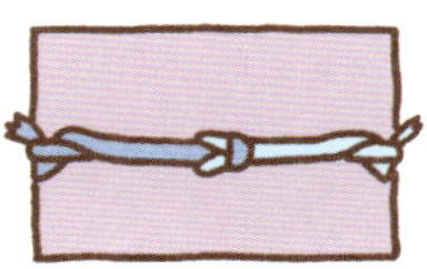

6.

左右の帯締めの先が上向きになるように脇に挟み込む。

◆着くずれの直し方◆

きものが着くずれてきても、直し方のポイントを押さえていれば大丈夫。お手洗いのついでに、鏡できものの前と後ろをチェックして気になるところを直します。朝、お化粧して、途中で化粧直しする感覚です。

デパートのトイレは
広くてキレイだから
直しやすい♥

衿元がくずれたら

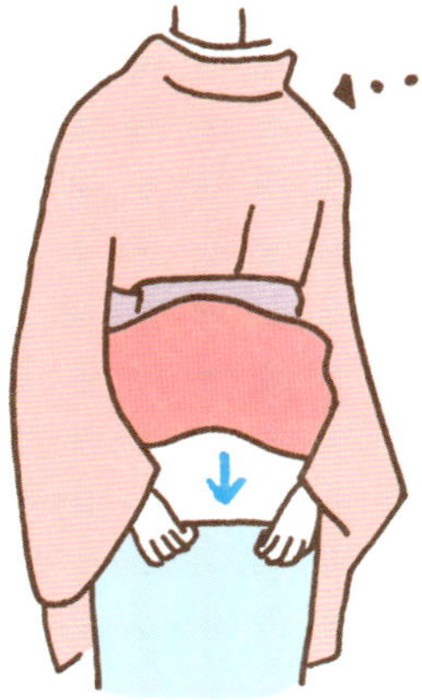

1. きものの裾をめくって襦袢を両手で持って、下に下げる。

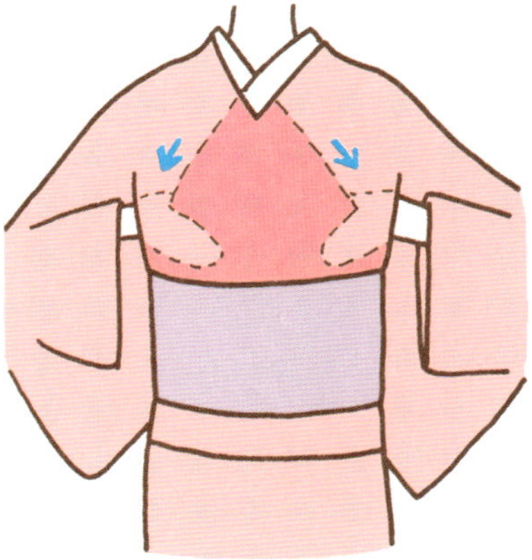

2. 身八つ口から手を入れ、襦袢の衿を持って左右に引き、衿合わせを調節する。

袖付けがたるんできたら

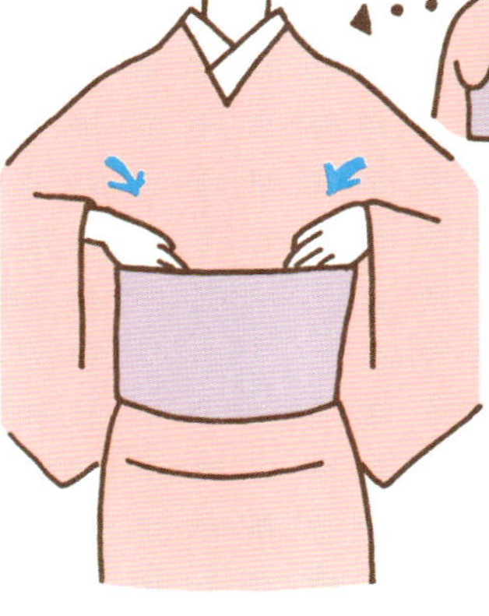

両手ではみ出た部分を帯の中に押し込み、後ろへ流す。

おはしょりがもたつく

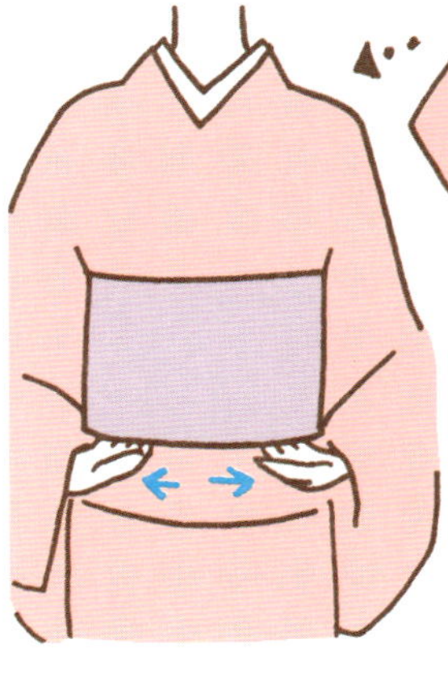

帯の下に指を入れ、中央から両脇に向かって動かし、両脇にシワを寄せて整える。

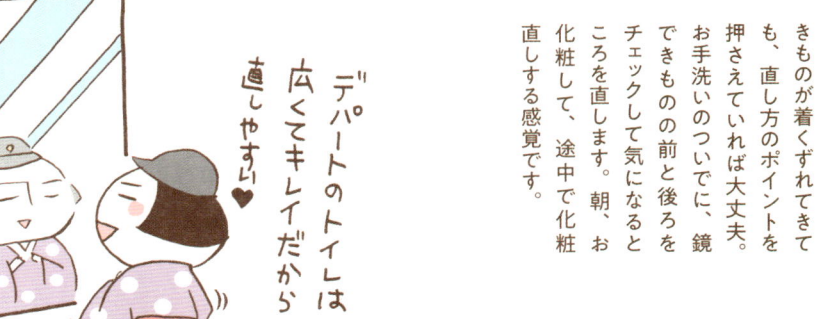

裾が下がってきたら

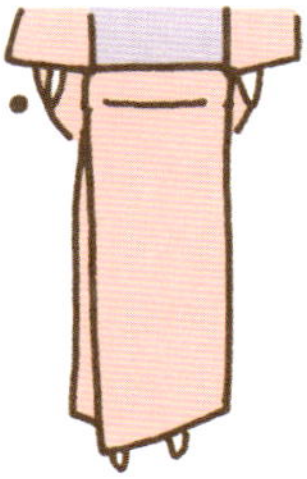

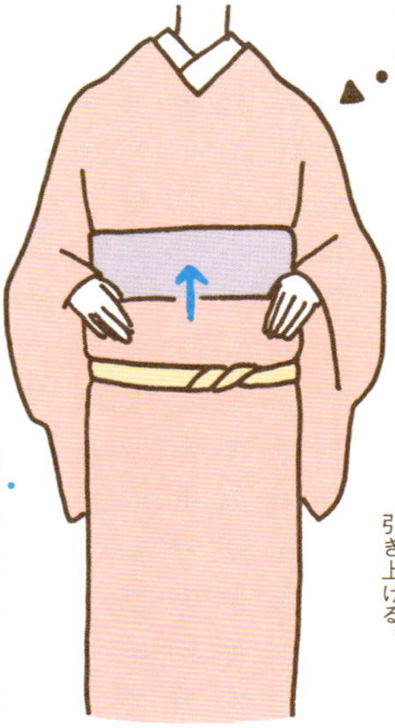

1.

おはしょりをめくり、腰紐の上のところで下がってきた上前を引き上げる。

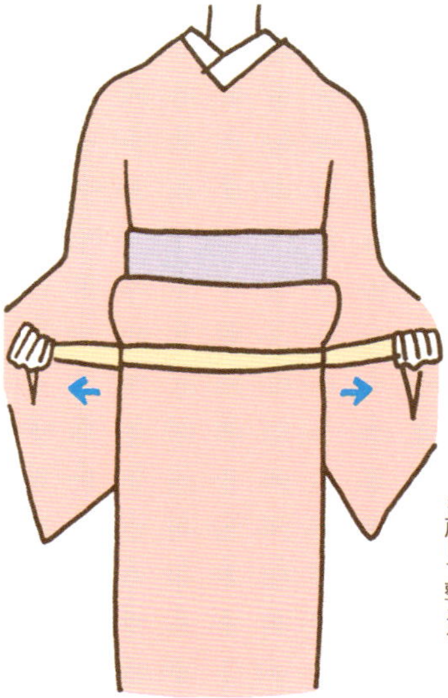

2.

腰紐をしっかりと結び直し、おはしょりを戻して整える。

帯が下がってきたら

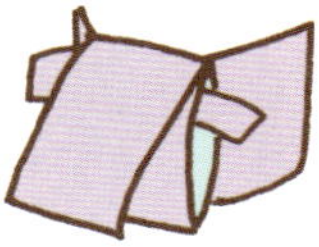

畳んだハンカチ、手ぬぐい、ミニタオルなどを帯の下の↑位置から入れる。

お手洗いなどの後の注意

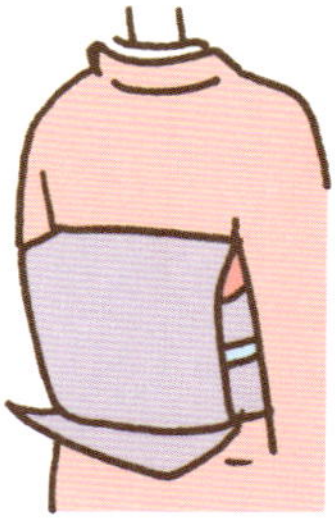

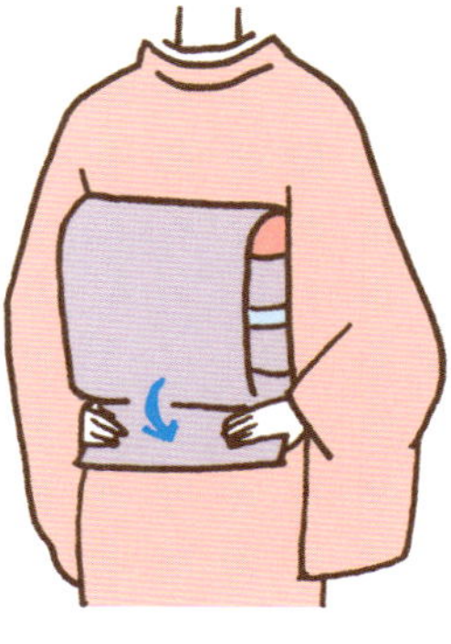

椅子に座ったりお手洗いに行った後は、お太鼓のタレ先が上がりやすいので下げる。

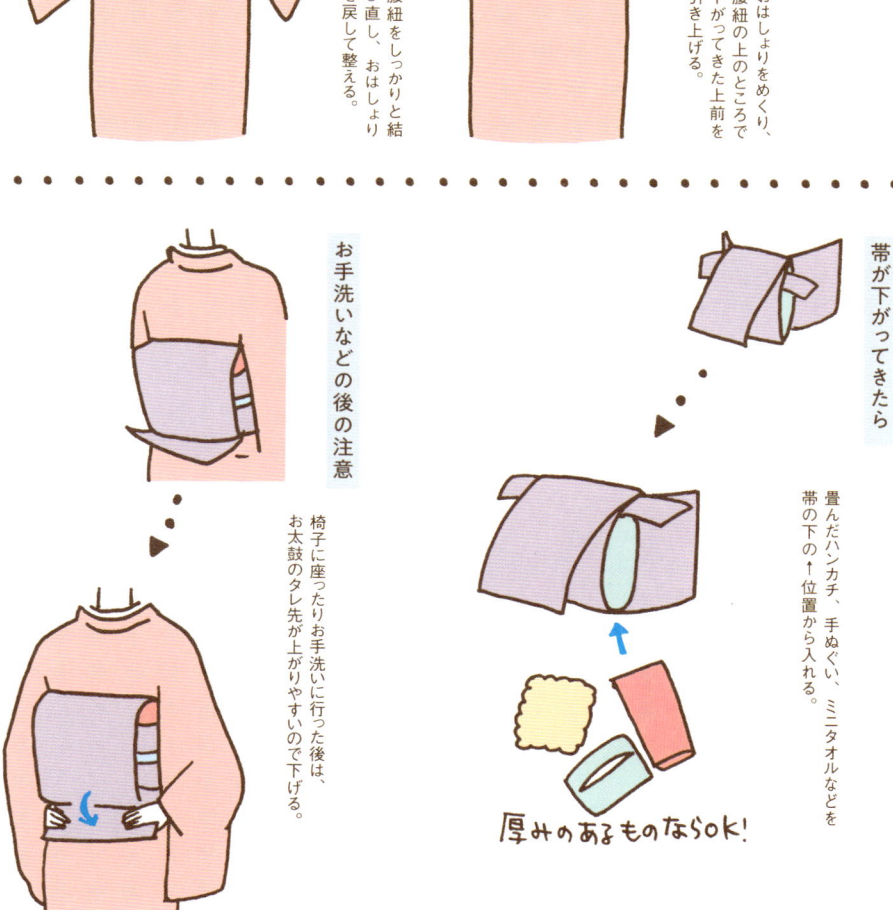

番外編 きものが楽しくなってきたあなたへ

なんとか着ておでかけできるようになった、
そこそこアイテムも増えてきた、
きっとその次は？　となります。
普段着以外のきものなど、ほんの少しだけ
上級者向けのお話ししましょう。

なんでも楽しんじゃおう♪
このこは新入りのバロンです！よろしくね♪
あらあら初の扉絵ね！
にゃ！
バロン
きもの番長
ぴよこ

・きものの種類とＴＰＯ・

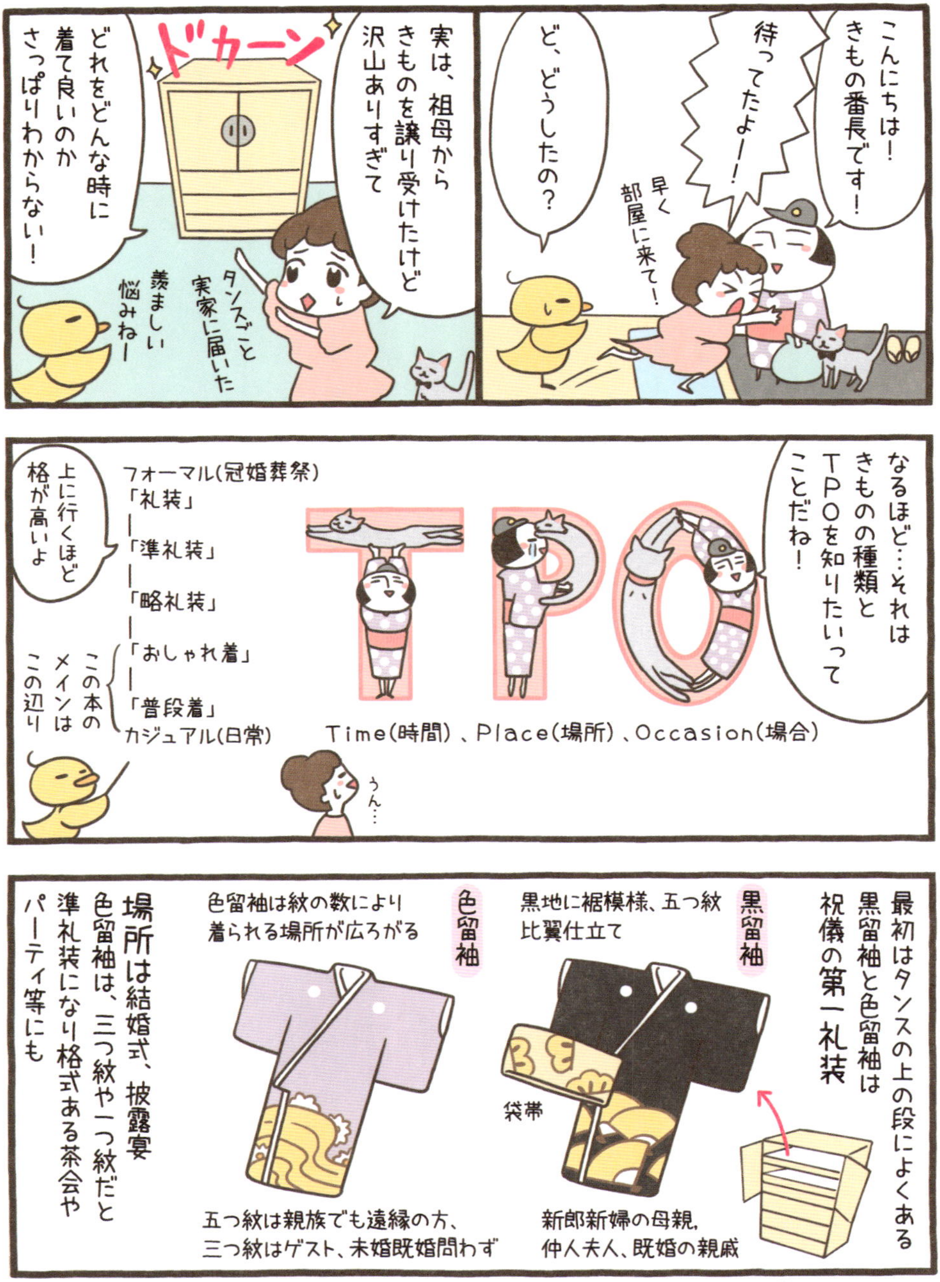

こんにちは！きもの番長です！
待ってたよー！！
早く部屋に来て！
ど、どうしたの？
実は、祖母からきものを譲り受けたけど沢山ありすぎて
ドカーン
タンスごと実家に届いた
羨ましい悩みねー
どれをどんな時に着て良いのかさっぱりわからない！
なるほど…それはきものの種類とＴＰＯを知りたいってことだね！
TPO
Time(時間)、Place(場所)、Occasion(場合)
フォーマル(冠婚葬祭)
「礼装」
「準礼装」
「略礼装」
「おしゃれ着」
「普段着」
カジュアル(日常)
上に行くほど格が高いよ
この本のメインはこの辺り
うん…
最初はタンスの上の段によくある黒留袖と色留袖は祝儀の第一礼装
黒留袖
黒地に裾模様、五つ紋
比翼仕立て
袋帯
新郎新婦の母親、
仲人夫人、既婚の親戚
色留袖
色留袖は紋の数により
着られる場所が広ろがる
五つ紋は親族でも遠縁の方、
三つ紋はゲスト、未婚既婚問わず
場所は結婚式、披露宴
色留袖は、三つ紋や一つ紋だと準礼装になり格式ある茶会やパーティ等にも

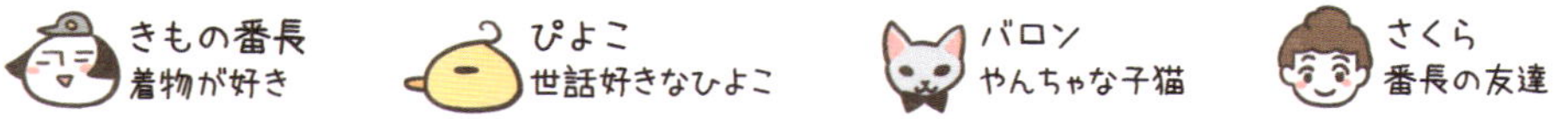

きもの番長
着物が好き
ぴよこ
世話好きなひよこ
バロン
やんちゃな子猫
さくら
番長の友達

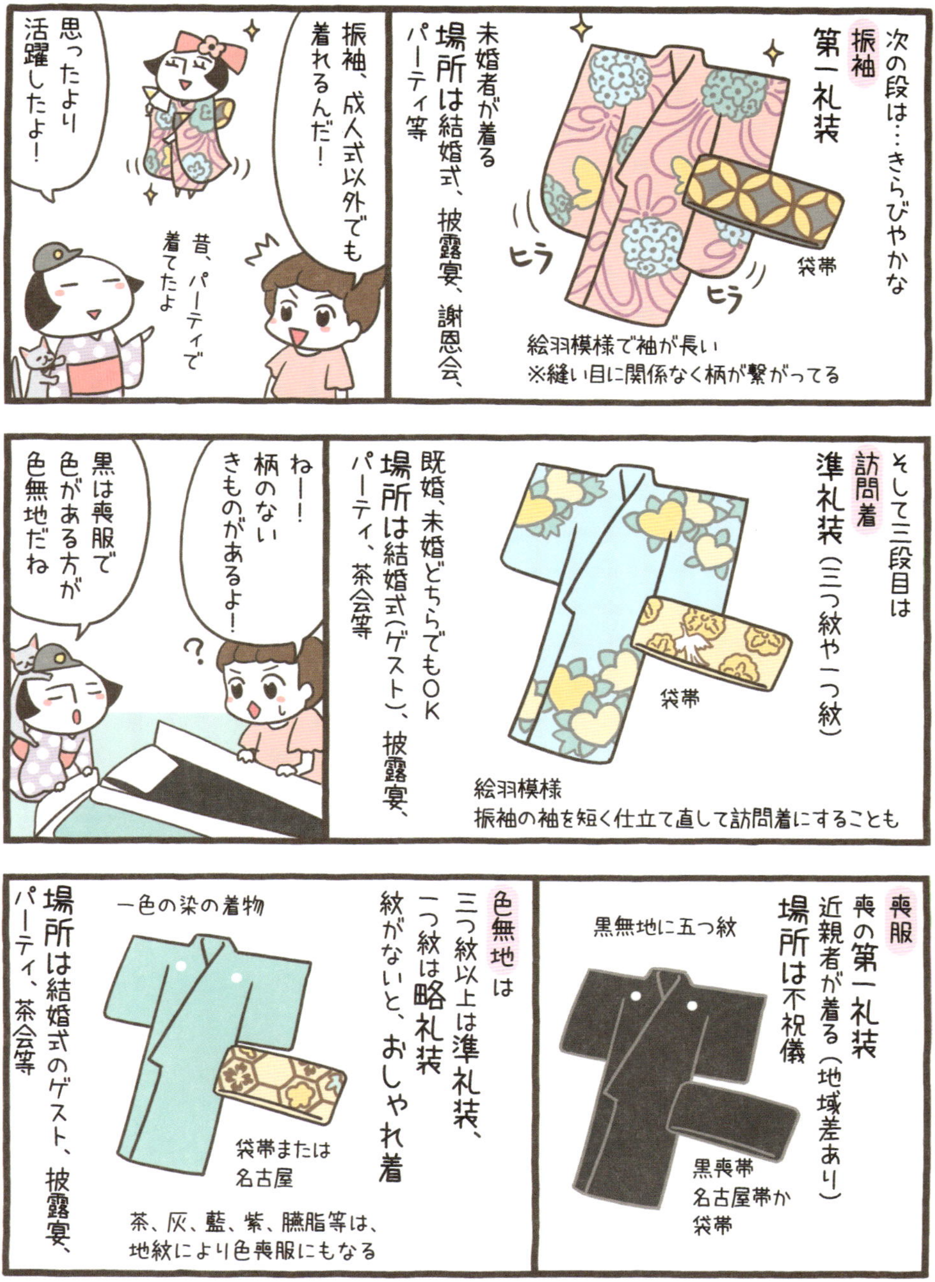

次の段は…きらびやかな
振袖
第一礼装
未婚者が着る
場所は結婚式、披露宴、謝恩会、パーティ等
ヒラ
ヒラ
袋帯
絵羽模様で袖が長い
※縫い目に関係なく柄が繋がってる
振袖、成人式以外でも着れるんだ！
昔、パーティで着てたよ
思ったより活躍したよ！
そして三段目は
訪問着
準礼装（三つ紋や一つ紋）
既婚、未婚どちらでもOK
場所は結婚式（ゲスト）、披露宴、パーティ、茶会等
袋帯
絵羽模様
振袖の袖を短く仕立て直して訪問着にすることも
ねー！柄のないきものがあるよ！
？
黒は喪服で色がある方が色無地だね
喪服
喪の第一礼装
近親者が着る（地域差あり）
場所は不祝儀
黒無地に五つ紋
黒喪帯
名古屋帯か袋帯
色無地は
三つ紋以上は準礼装、一つ紋は略礼装
紋がないと、おしゃれ着
一色の染の着物
袋帯または名古屋
茶、灰、藍、紫、臙脂等は、地紋により色喪服にもなる
場所は結婚式のゲスト、披露宴、パーティ、茶会等

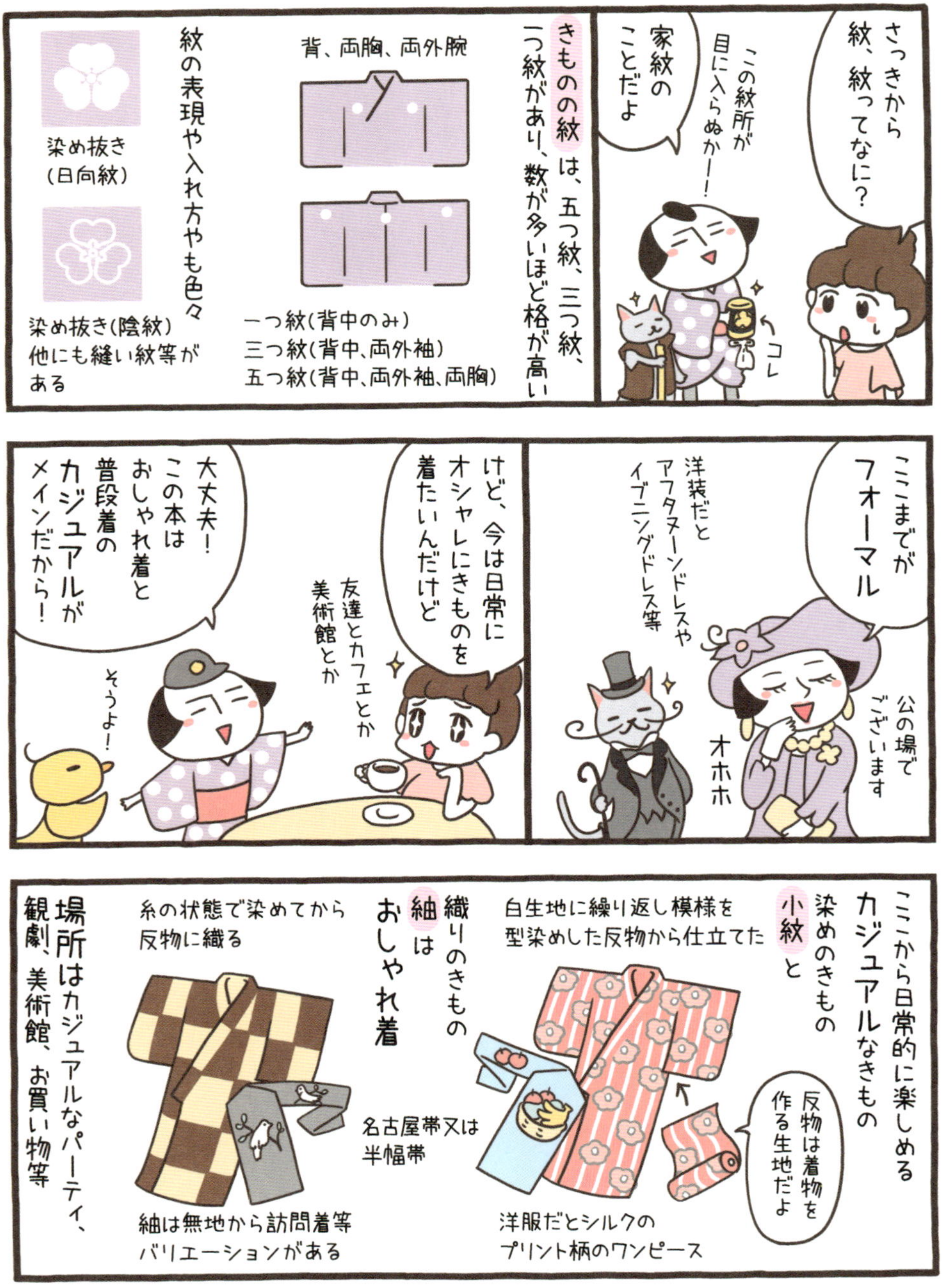
さっきから紋、紋ってなに？
家紋のことだよ
この紋所が目に入らぬかー！
コレ
きものの紋は、五つ紋、三つ紋、一つ紋があり、数が多いほど格が高い
背、両胸、両外腕
一つ紋（背中のみ）
三つ紋（背中、両外袖）
五つ紋（背中、両外袖、両胸）
紋の表現や入れ方も色々
染め抜き（日向紋）
染め抜き（陰紋）
他にも縫い紋等がある
ここまでがフォーマル
洋装だとアフタヌーンドレスやイブニングドレス等
公の場でございます
オホホ
けど、今は日常にオシャレにきものを着たいんだけど
友達とカフェとか美術館とか
大丈夫！この本はおしゃれ着と普段着のカジュアルがメインだから！
そうよ！
ここから日常的に楽しめるカジュアルなきもの
染めのきもの小紋と
白生地に繰り返し模様を型染めした反物から仕立てた
反物は着物を作る生地だよ
洋服だとシルクのプリント柄のワンピース
織りのきもの紬はおしゃれ着
糸の状態で染めてから反物に織る
名古屋帯又は半幅帯
紬は無地から訪問着等バリエーションがある
場所はカジュアルなパーティ、観劇、美術館、お買い物等

更に、家で洗える身近なきもの
普段着の素材が
木綿、ウール、ポリエステルのきもの
そして 浴衣
名古屋帯又は半幅帯
ポリも振袖から小紋まで色んな柄ゆきと、きものの種類がある
カジュアルなパーティって色々あるよね？
私はカジュアルでも華やかな会場のパーティは光沢感のある華やかな柄ゆきの小紋を着たり
ホームパーティは皆で料理することもあるから洗えるきものを着る機会が多いし
身内の飲み会とかも
浴衣は1番カジュアルで夏の日常によく着るけど
I ♥ YUKATA
パーティには浴衣パーティと名前がついてる時に着る基本はイベントの趣旨に合わせるよ
下町探索したり
水族館行ったり
落語も！
後は季節に合わせて着たいカジュアルなきもので街に遊びに行くよ
カフェや、美術館、買い物に出かけたり
TPOはフォーマルは人の為の装いカジュアルは自分の為にオシャレして楽しもう♪
じゃあお礼にタンスを持ってくね
着るから持ってかないで－！

色無地で茶会に

茶道を習っている友人Hさんから茶会のお誘いが…

楽しそう！
茶道のことよかったら教えて

友人にレクチャーを受けながら**茶会の装いにチャレンジ！**

アクセサリー、帯留め、時計、ネイル等はしない ← 陶器を傷つけない為

NG!
理由があるんだね！

スッキリまとめ髪
祖母から譲り受けた色無地
懐紙を入れやすいように帯は低め
扇子を挟む
半衿と足袋は白

当日

偶然、私もHさんも緑系の色無地に白地の帯でお揃いコーデに

爽やかコンビ

まずは和菓子！同席の方達が茶会に関する面白い話をしてくださり和やかな雰囲気に

変わった掛け軸の茶会があって…
ほほう…(わわっ！)
机に椅子
コロリ

和菓子がまん丸で転がったのはここだけの秘密

移動して次はお茶！教えてもらったお作法を思い出しつつなんとか無事に終わりました

えーっと何回回すのだっけ

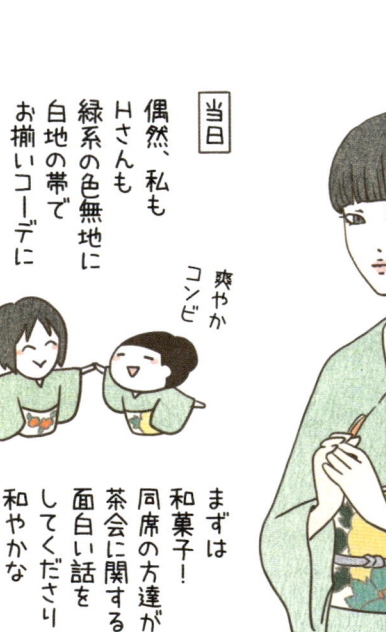

木綿のきもので　ピクニックへ

暖かい春の日

お気に入りのパン屋さんで
パンを買い
温かい飲み物を
ポットに入れて…
公園へ

サンドウィッチとチーズ、
ホットワインと紅茶

ちょっと
寒いときは
ショールを

初めて
木綿のきものを
仕立てたのは
「染織こだま」

水通しして頂いたので
家で洗濯しても
縮みにくい！

ピクニックコーデは
木綿のきものに
三つ編みに
麦わら帽、
ブーツで
カントリーに

気分はアン・シャーリー

見晴らしが良い
木陰に
シートを引いて
花を眺めたり
本を読んだり
のんびり過ごす

ちょうど緩やかな坂になっている

片貝木綿の爽やかな
青のチェック

もう十年以上
着てる！

袴で美術館へ

女性の袴といえば、
神社の巫女さん
卒業式など
素敵な袴姿を
思い出しますが…

宝塚の黒紋付きに
緑の袴姿凛々しくて好き…

弥生美術館で
「はいからさんが通る展」が開催
されるので
久しぶりに袴を
新調する事に！

矢羽柄に袴は
今も人気！

元気で行動派の主人公紅緒が好き

早速、調査してみると…
袴の
バリエーションが
圧倒的に
増えてた！

定番の紫、海老茶
茶色、緑などに加えて
ビビッドカラーや
パステルカラーなどや

刺繍入りや
裾に柄があるもの等

オシャレ！

色はモダンな黒か、
好きな緑か…

悩ましい～

悩んだ結果
手持ちのアンティークきものに
合いそうな緑に決定！

サイズは草履もブーツも合うSを購入
当日はブーツと合わせたので
袴の前を折って少し短くして着た

ブーツの時は
草履の時より少し短めに

展示は
大和和紀先生の
美しい原稿や
カラーイラストが
観れて幸せでした…
「あさきゆめみし」や他の
作品もそうだけど、きものの柄の
描き込みが繊細で感動した！
展示を観た後は
心も足取りも軽やかに
いつもより
歩幅広く歩きました
袴にブーツはより活動的に！
刺繍の半衿
秋だったので
格子に菊柄の小紋に
袴の緑とも
相性が良い黄色の
半幅帯
落ち着いた
緑の袴
きものも袴も
ポニアポン
久しぶりの袴で
色々忘れたので
着方も
購入時に教えて
頂いた
きものと袴の下は
レースの筒袖の
半襦袢と
スパッツで
更に
歩きやすく
した
足元は黒の
ショートブーツ

megumi

megumi

恵美

恵美
Megu
mi

あとがき

最後までお読み頂きありがとうございます。最初に描いたこの本が再び、日の目を見ることになってとても嬉しいです。

子供の頃から浮世絵が好きだったりしましたが、留学をきっかけに、和の文化の魅力に再び目覚めました。しかし、正直きものはなんだか難しそうと一歩引いていました。そんな時、友人から、アンティークきものや、モダンなきもの、素敵なコーディネートが載っている本を教えてもらい、すっかりきものの虜《とりこ》になってしまいました。その後、お店に通ったり、着付けを習ったり、友達ときものを着て出かけたり…。そんなきものにハマった最初の10年間の、きものを着ていて楽しい気持ちや思いをこの本に全て描きました。

この本の巻頭のイラストギャラリーでは、大胆な幾何学模様や、ハワイアンキルトの帯、アフリカ民族衣装のカンガのきものなど「こんなのあったらいいな～」を描いています。

第一章では、私が日常の延長線上で、ちょっとおしゃれしたい時に着ているアンティークやリサイクル、現代物のきものを十二ヶ月のコーディネートで紹介しました。

第二章と第五章では「じゃあ実際にきものを着るには？」をマンガで解説しました。私は体質的に、体に少しでも締め付けがあると調子を崩しがちなのですが、「きものでおしゃれしたい！　おしゃれは我慢が必要というけれど、我慢はイヤだしおしゃれはしたい！」と常々思っていたので、帯を半幅にしたり、紐を緩めたりなど、自分で試行錯誤し、様々な着付け教室に通ったりもしました。この経験を元にして、私なりに楽に着られるＨＯＷＴＯを紹介しています。

第三章では、日常とは違う、きもののショーや海外での出来事を中心に紹介してます。き

ものを着たことで出会った人々や起こったハプニングなどを描きました。
第四章では、手作りアイテム！「おしゃれは楽しみたい！が予算がある！」と自分でがんばって作ったりしてますが、私は基本不器用なので、ここで紹介しているものはリメイク感覚の簡単なものです。

現在、楽しいきものライフが続いており、きものを着始めて、20年が経ちました。新装版を出すにあたり、じっくりと読み直し、加筆修正をし、この部分を知っていたらきものを始めた方にもお役に立てるかもと思い、新たに16ページを描き下ろしました。新しい小さな仲間、愛猫バロンも登場しています。

最後に。きものに興味を持たれたら、まずは気楽な普段着で始めることをおすすめします。毎日着るのはハードルが高いので、例えば週末の楽しみに着て、お出かけしてみてください。いつもの日常がわくわくと楽しいものになりますよ。

この本は、たくさんの人達のご協力により完成しました。ＳＮＳやイベントで本の感想や応援をしてくださる読者の方々、不器用な私を励ましてくれる友達や仲間、私がきものにハマるきっかけになった「ＫＩＭＯＮＯ姫」編集の田辺さん、そんな皆さんときものの本を作れる幸せを噛み締めています。そして今回もアシスタントを快く引き受けてくれたパートナーに感謝しています。本当にありがとうございました。

２０１９年初夏　松田恵美

プロフィール

松田 恵美 / まつだ めぐみ
きものと猫が好きなイラストレーター。著書に着物を日常におしゃれに楽しくをテーマにした『きもの番長2』『きもの番長 おしゃれの AtoZ』（ともに祥伝社）がある。また、中国語版も出版されている。

HP	megumimatsuda.com
Twitter	@kimonobancho
Instagram	kimonobancho
LINE スタンプ	きもの番長の着物乙女

＊本作品は2010年に主婦の友社より刊行された「きもの番長」を加筆修正したものになります。
＊P120、122、123は、「ルミロック」の浴衣のイメージイラストに加筆修正したものになります。

装丁・デザイン　荻原佐織（Passage）
編集　田辺真由美

きもの番長　ことはじめ

2019年6月10日　初版第一刷発行

著者	松田恵美
発行人	辻 浩明
発行所	株式会社祥伝社
	〒101-8701
	東京都千代田区神田神保町3-3
	03-3265-2081（販売）
	03-3265-1084（編集）
	03-3265-3622（業務）
印刷	図書印刷株式会社
製本	ナショナル製本

©2019 Megumi Matsuda
ISBN978-4-396-61693-9 C0076
Printed in Japan

本書の無断複写は著作権法上での例外を除き禁じられています。また、代行業者など購入者以外の第三者による電子データ化及び電子書籍化は、たとえ個人や家庭内での利用でも著作権法違反です。造本には十分注意しておりますが、万一、落丁・乱丁などの不良品がありましたら、「業務部」宛にお送りください。送料小社負担にてお取替えいたします。ただし、古書店で購入されたものについてはお取替えできません。